Zum Geleit

Das Labyrinth der Welt war für den tschechischen Philosophen
Jan Amos Comenius (1592–1670) ein Irrweg des Menschen auf
den verworrenen Pfaden des Lebens. Erst am Ende seiner Wan-
derschaft durchschaut der Mensch diese Verworrenheit. Damit
er jedoch schon früher Licht in das Dunkel des ihn umgebenden
Dickichts bringen kann, benötigt er einen Kompaß am Anfang
des Weges, nicht erst am Ende!
Comenius und viele andere haben uns durch ihre Schriften diesen Kompaß vor Augen gehalten. Jetzt kommt es darauf an, daß
wir ihn in die Hand nehmen und die Welt markieren – vielleicht
mit Mosaiksteinchen am Anfang des Weges, schon als Kinder.
Für sie und ihre Eltern habe ich den Kompaß als Orientierungs-
hilfe auf die Welt ausgerichtet.

Barbara Brüning

Inhaltsverzeichnis

1. **Vorwort: Mama, wer hat die Sonne angezündet?** 9

2. **Das Fragen als Kompaß im Dschungel des Kindseins**
Oh, guck mal! – Staunen und Sich-Wundern als
Bausteine kindlicher Neugier 13
Was ist das? – Spielen und Fragen 17
Warum ist das so? – Über das Entstehen der
schwierigen Fragen 19
Muß das immer so sein? – Die „weiterfragenden" oder
reflexiven Fragen 21

3. **Der Kompaß peilt auf ein Ziel – die Suche nach Antworten**
Papa, sag doch mal… Kinder wollen etwas wissen . . 28
Das reflexive Gespräch in der Familie 30
Das reflexive Gespräch in der Gruppe 46
Die Rolle der Erwachsenen in reflexiven Gesprächen
mit Kindern 55
Andere Formen reflexiven Nachdenkens 60
Geschichtenausdenken 60
Märchen 70
Zeichnen 98
Spielen 115

4. **Wohin zeigt der Kompaß?**
Das reflexive Gespräch als menschliches Grund-
bedürfnis 131
Der Einfluß des reflexiven Fragens und Miteinander-
Sprechens auf die Persönlichkeitsentwicklung von
Kindern 140
Die Bereitschaft zur vernünftigen Auseinandersetzung –
muß der kritische Bürger eine Utopie bleiben? 147

5. Anstelle einer Schlußbemerkung 155

6. Anmerkungen 157

7. Literaturhinweise 160

Zum Geleit

Wollte man die Menschheit
in Erwachsene und Kinder
teilen
und das Leben in Kindheit
und Reife,
so gibt es hier wie dort
unzählige Kinder.

Janusz Korczak

Vorwort

Mama, wer hat die Sonne angezündet?

Wer von uns Eltern hat nicht schon einmal in der U-Bahn oder anderen öffentlichen Verkehrsmitteln gesessen, sein Kind fest auf den Schoß gedrückt? Und während wir von allen Seiten bedrängt werden, schaut unser Kind fröhlich in der Gegend herum und fragt seelenruhig: „Du, Mama, warum bin ich eigentlich geboren worden?" Und nun haben Sie plötzlich das Gefühl, daß tausend Augen auf Sie starren und lächelnd darauf warten: Na, was wird sie denn antworten?

Sie rutschen nervös hin und her und sagen schließlich genauso ruhig wie Ihr Kind: „Weil sich Mama und Papa ein Kind gewünscht haben, deshalb bist du geboren worden". Erleichterung ringsumher. Sie haben Ihrem Kind eine Antwort gegeben! Zufrieden wendet es sich ab und sucht sich unter den vielen Augen ein anderes Objekt seiner Neugier. Vielleicht stellt es aber auch nach fünf Minuten wieder eine Frage und möchte beispielsweise wissen, ob der Himmel ein Ende hat oder warum es gute und böse Menschen auf der Welt gibt. Sie zucken mit den Schultern und murmeln so etwas Ähnliches wie „Woher soll ich das denn wissen". Dann versuchen Sie vielleicht, Ihr Kind abzulenken, denn auf solche schwierigen Fragen sind Sie nicht vorbereitet, schon gar nicht in der U-Bahn! Müssen wir Erwachsenen auf solche schwierigen Fragen überhaupt eine Antwort geben? Können wir das, und vor allem, wollen wir das auch?

Ich habe die von mir beschriebene Situation in der U-Bahn sehr häufig erlebt: zum Einen als Betroffene, als Mutter von zwei Kindern, die mich an den ungewöhnlichsten Orten zu den ungewöhnlichsten Zeiten mit ihren Fragen bedrängten, und zum anderen auch als Außenstehende, als Studentin, die in der U-Bahn für das Philosophie-Examen büffelte und aufhorchte, wenn ein Kind seine Eltern fragte, warum man Zeit nicht sehen könne oder woher denn die vielen Fragen in seinem Kopf kämen. In diesem Augenblick gehörte ich zu den tausend lächelnden Augen, die ungeduldig darauf warteten, wie und was die Eltern antworten werden.

Vielleicht hätte ich diese und ähnliche Fragen von Kindern gar nicht weiter ernstgenommen, wenn mir nicht eines Tages eine Freundin erzählt hätte, ihr Sohn würde ständig über den Tod und das Leben danach herumrätseln. Sie fragte mich, ob ich nicht mal als Philosophin mit ihm und seinen Freunden darüber sprechen könne.

Warum war ich eigentlich nicht schon früher auf die Idee gekommen, mit meinen Kindern und ihren Freunden gemeinsam über solche schwierigen Fragen nachzudenken, beispielsweise in einer Kindergruppe, die sich nachmittags ab und zu trifft?

Erste Anregungen zum gemeinsamen Nachdenken mit Kindern erhielt ich im Wintersemester 1979/80 an der Hamburger Universität in einem Seminar von Prof. Dr. Ekkehard Martens. Dort erfuhr ich erstmals von einem in den USA entwickelten Programm, das Kindern helfen soll, besser nachdenken zu lernen.

Nach der Geburt meines zweiten Kindes und dem Universitätsexamen rief ich 1984 die sogenannte *Philosophengruppe* ins Leben. Ich wollte außerhalb jeglicher Institution mit meiner damals siebenjährigen Tochter Janique und ihren Freunden über schwierige Fragen, Geschichten und andere wichtige Probleme nachdenken. Die Kinder kamen und kommen auch noch heute freiwillig zusammen. Der Gruppe gehören 12 Kinder an, die sich aus Spaß am gemeinsamen Nachdenken ein- bis zweimal im Monat treffen. Sie finden das gemeinsame Herumrätseln an schwierigen Fragen *genauso normal* wie Handballspielen, Flöten oder Computern.

Alle in diesem Buch zusammengetragenen Gedanken, Erfahrungen und Methoden basieren auf meiner sechsjährigen Arbeit in dieser Gruppe und auf einem Projekt in einer zweiten bzw. jetzt dritten Hamburger Grundschulklasse. In diesem Sinne sind die angeführten Frage- und Gesprächsbeispiele authentisch; sie entstammen aufgezeichneten Gesprächen und wurden nicht von mir konstruiert. Sie bilden das Blut, das durch das Aderlabyrinth dieses Buches fließt.

Ich gehe bei all meinen Gesprächen davon aus, daß Kinder ernstzunehmende, uns Erwachsenen ebenbürtige Gesprächspartner sind. Ihre Meinungen und Ideen sind für mich ein vollwertiger Gegenstand meines philosophischen und menschlichen Interesses. Auf diese Spur hat mich die russische Literatur des 19. Jahrhunderts geführt. Ob in Tolstojs Roman „Krieg und Frieden", in „Anna Karenina" oder in Dostojevskis „Brüder Karamazov" – immer erscheinen Kinder als selbständige und vor allem selbstdenkende Wesen, die im Gegensatz zu Erwachsenen etwas unverdorbener und wehrloser gegenüber sozialen Konflikten sind. Die russischen Dichter haben Kinder niemals in falschem, spielerischen Ton behandelt und sind auch nicht wie manche Wissenschaftler in unbegründeter Selbsterhebung in ihre Welt *hinabgestiegen*. Ihr aufrichtiger und fragender Ton hat mich angeregt, die Ansichten von Kindern mit Ehrfurcht zu behandeln, auch wenn ich manchmal eine andere Meinung vertrete.

Das Aderlabyrinth dieses Buches umfaßt auch Überlegungen, die ich mir im Laufe meines Philosophiestudiums in Form von Kenntnissen und Instrumentarien angeeignet habe. Hierzu gehören vor allem Reflexionserfahrungen wie Begriffe, Argumente, Argumentieren, Argumentationstheorien und Begriffsanalyse. Zum anderen stütze ich mich auch auf die in den USA bisher publizierte Fachliteratur von Prof. Lipman, Prof. Reed und Prof. Matthews, um nur einige wichtige Namen zu nennen. Eine kurze Literaturübersicht befindet sich am Ende dieses Buches.

Ich möchte an dieser Stelle Herrn Prof. Martens danken, der mir durch sein Seminar den Weg zu meiner praktischen Arbeit mit Kindern gewiesen hat. Ich bedanke mich auch bei der Lehrerin Maren Adelhelm und den Kindern der Klasse 2/3a der Schule Neubergerweg in Hamburg für das Interesse an unseren gemeinsamen Gesprächen. Dank sei auch allen, die mich ermuntert haben – trotz mancher Pflastersteine – den Weg des gemeinsamen Nachdenkens mit Kindern weiterzugehen. Stellvertretend für alle stehen mein Mann Burkhart Brüning, meine Mutter Ilse Haase und meine Kinder Janique und Frederick sowie meine Verlegerin Gabrielle Spaeth, ohne die ich das Buch niemals geschrieben hätte.

2

Das Fragen als Kompaß im Dschungel des Kindseins

Oh, guck mal! – Staunen und Sich-Wundern als Bausteine kindlicher Neugier

Weil sie sich nämlich wunderten, haben die Menschen zuerst wie jetzt noch zu philosophieren begonnen; sie wunderten sich anfangs über das Unerklärliche, das ihnen entgegentrat. Allmählich machten sie auf diese Weise Fortschritte und stellten sich über Größeres Fragen, etwa über die Affektionen des Mondes und die von Sonne und Sternen und über die Entstehung des Alls.

Aristoteles

Woher wissen wir eigentlich, daß der Himmel immer schon da war?

Freddi (7 Jahre)

Frederick geht mit seinem Vater am abendlichen Strand in Timmendorf spazieren und sucht im Meerwasser nach Muscheln. Plötzlich richtet er sich auf und zeigt zum Horizont. „Da, schau mal, Papa, ist das nicht ungewöhnlich!" Sein Vater wendet den Blick aufs Meer hinaus, er kann jedoch nichts entdecken, während sein Sohn mit halbgeöffnetem Mund dasteht. „Da, siehst du nicht den hellen Stern? Vielleicht ist das ja der Stern von Bethlehem!" Der Vater zuckt mit den Schultern. Vielleicht ist das der Stern von Bethlehem, wer weiß! Er läuft langsam weiter, Frederick zupft ihn jedoch am Arm. Er möchte wissen, warum gerade dieser Stern durch seine Helligkeit die anderen übertrifft. Das muß doch einen Grund haben. Sicher hat dies einen Grund, überlegt der Vater, aber er ist nun mal kein Astronom, der sich mit den Strahlenverhältnissen im Weltraum auskennt. Frederick beschäftigt der helle Stern um so mehr. Seiner Meinung nach könnte er ein Zeichen sein, eine Ankündigung, daß es dort vielleicht Lebewesen gibt. „Aber, wenn es dort Lebewesen gäbe, dann hätten wir das doch schon längst mit unseren Meßgeräten herausgefunden" – der Vater ist sich seiner Antwort ganz sicher. Frederick versucht, ihm jedoch klarzumachen, daß es dort Lebewesen geben könnte, die für uns nicht sichtbar sind, weil sie anders aussehen und *anders gebaut sind*. Und dann könnte ja vielleicht sogar ein unsichtbarer Fallschirm auf dem Wasser gelandet sein, denn Frederick hat gerade ein paar Spritzer abbekommen, und er weiß nicht, woher. „Du erzählst ja tolle Wundergeschichten", spottet der Vater und beginnt sein allabendliches Ferienjogging. Frederick indes verspürt zwar den festen Boden des Strandes unter seinen Füßen und drängt dennoch aufs offene Meer hinaus; er will die Grenzen des Ozeans verlassen und auf Entdeckungsreise gehen – über die ihn umgrenzende Welt hinaus. Das Unvorstellbare und Geheimnisvolle lockt ihn, bewegt seine Phantasie.

Während sich der siebenjährige Frederick über den hellen Stern am Timmendorfer Strand wundert, staunt die sechsjährige Sanna darüber, wie die Sterne überhaupt an den Himmel kommen. Wer hat sie wohl dorthin gebracht? Ein Gott? Ein Mensch? Ein Riese? Und warum laufen die Flüsse eigentlich nicht aus, wenn sich die Erde um die Sonne dreht?

Kinder stoßen im täglichen Leben auf viele Dinge, die ihnen unbekannt und fremd sind, und sie versuchen, sich mit Augen, Ohren, Händen und Füßen – und später mit Worten – an sie heranzutasten. Wir Erwachsenen lächeln oft darüber, weil wir ja die *Erfahrenen* sind. Wir wissen natürlich, daß die Flüsse nicht auslaufen, weil die Schwerkraft auf der Erde wirkt; wir verfügen über eine naturwissenschaftliche, kulturelle und historische Bildung, mit der sich viele Dinge erklären lassen, die unseren Kindern rätselhaft erscheinen. Wir könnten also sagen, daß die Neugier – das Staunen und Sich-Wundern – entwicklungsmäßig bedingt sind, und wir Erwachsenen haben diese Entwicklung schon hinter uns gebracht, wir sind nicht mehr so naiv. Staunen Kinder nur über Dinge, die wir längst schon wissen? Ist das Staunen lediglich ein Ausdruck kindlicher Naivität und Unerfahrenheit?

Ich bin mir – ehrlich gesagt – nicht so sicher, ob es nicht auf einem anderen Planeten Lebewesen gibt, die in ihrer Struktur so beschaffen sind, daß wir sie bisher nicht erkennen konnten. Kinder staunen nämlich nicht nur über Dinge, weil sie unerfahren sind; ihr Staunen drückt sich in zwei verschiedenen Formen aus.

Die erste, naive Form des Staunens zeigt sich bereits im Krabbelalter. Die Kinder kriechen durch das Wirrwarr der sie umgebenden Gegenstände und Personen, und immer, wenn sie ein neues Ding entdecken, rufen sie „Oh, ... da", während ihre Augen vor Begeisterung glänzen. Dies ist der erste nichtsprachliche Weg, sich in der Welt zu orientieren und Erfahrungen zu sammeln.

Die zweite Form des kindlichen Staunens ist umfangreicher, tiefgründiger. So nehmen Kinder, wie z. B. Frederick, einen helleuchtenden Stern zum Anlaß, um darüber nachzudenken, ob dort nicht Lebewesen sein könnten. Sie fragen nicht nach einer isolierten Erscheinung, warum ein Stern so hell ist, sondern versuchen, diese Erscheinung in einem größeren Zusammenhang zu sehen: Könnte die Helligkeit etwas mit dem Stern von Bethlehem zu tun haben oder mit unbekannten Lebewesen; wäre es möglich, daß es sich dabei um einen Kometen oder einen Meteor handelt?

Kinder gehen in ihrem Staunen sogar soweit, daß sie Selbstverständlichkeiten in Frage stellen, die wir Erwachsenen oftmals als Gegebenheiten hinnehmen, ohne uns weiter darüber Gedanken zu machen.

Patrick hat beispielsweise Schwierigkeiten beim Lesen. Die

Mehrzahl der Klasse ist schon auf der Seite 16, während er noch auf der Seite 10 liest. Um sein Unvermögen zu verbergen, versucht er, die Lehrerin zu täuschen, indem er einfach Seite 16 aufschlägt, als sie durch die Reihen geht. Am Nachmittag fragt er dann seine Mutter, wieso sie denn so sicher sei, daß die Uhren immer richtig gehen? Wieso ist es 9 Uhr, wenn die Uhr im Wohnzimmer 9 Uhr anzeigt? Sie könnte doch auch schummeln, oder der Mechanismus aller Uhren könnte nicht richtig funktionieren? Woher wissen wir eigentlich, daß er richtig geht? Wer gibt uns die Garantie, daß etwas von uns als richtig Erkanntes wirklich richtig ist?

Wir Erwachsenen neigen dazu, alle Erscheinungen unserer Lebensform als wissenschaftlich erklärbar anzusehen, wobei wir für diese oder jene Beziehung zwischen den Dingen und Personen unsere vernünftigen Deutungsmuster parat haben, die wir selbstverständlich nicht mehr hinterfragen. So wissen wir, daß unsere Kernkraftwerke *ganz sicher* sind, obwohl wir eigentlich auch wissen müßten, daß überall dort, wo Menschen handeln, Fehler entstehen können: falsche Einschätzung von Situationen, falsche Berechnungen, falsche Reaktionen etc.

Der griechische Philosoph Aristoteles ging schon vor über 2000 Jahren davon aus, daß sich die Menschen zuerst wundern und dann allmählich größere Zusammenhänge entdecken – wie dies im kindlichen Staunen zum Ausdruck kommt. Für uns Menschen im wissenschaftlich-technischen Zeitalter wäre jedoch eine Umkehrung dieser Auffassung wünschenswert: wir sollten das bisher in Natur und Gesellschaft Erklärte in Zweifel ziehen und uns stets fragen, ob wir auch wirklich ganz sicher sein können, daß ein als richtig erkannter Sachverhalt so ist wie wir ihn erkannt haben, oder ob nicht auch das Gegenteil der Fall sein könnte? Staunen bedeutet in diesem Sinne, daß wir die von uns als selbstverständlich abgehakten Erkenntnisse immer wieder neu hinterfragen müssen.

Was ist das? – Spielen und Fragen

Was ist eigentlich ein Gedanke, Papa? Ist das so 'was wie ein Luftwort, das irgendwann mal in meinen Kopf hineingekommen ist?

Janique (9 Jahre)

Denken ist der Beginn des Menschseins. Im richtigen Erkennen des Gegenstandes erfahre ich die Macht des Rationalen.

Karl Jaspers

Bereits im ersten Lebensjahr entdecken Kinder jeden Tag unzählige Gegenstände, Lebewesen und Vorgänge, die ihnen unbekannt sind. Darüber haben die Psychologen in den letzten Jahren sehr viel herausgefunden[1]. Der entscheidende Schritt jedoch, sich in der Welt zu orientieren, vollzieht sich zu Beginn des dritten Lebensjahres, im sogenannten Fragealter. Nun versuchen die Kinder, Ordnung in das Wirrwarr der Gegenstände und Erscheinungen zu bringen, indem sie auf bestimmte Dinge zeigen und fragen: Was ist das? Sie greifen beispielsweise in den Baggermatsch, ziehen am Fernsehkabel oder beißen in eine Frucht und sagen immer wieder: Was ist das? (Unter Ordnung verstehe ich in diesem Zusammenhang das Erkennen von Beziehungen, die zwischen Dingen und Personen in einer bestimmten Lebensform – die kleinste dieser Lebensformen ist die Familie – bestehen.) Durch die Was-ist-Fragen wollen unsere Kinder nähere Bestimmungen eines Dinges oder einer Erscheinung erfahren: Was ist das für eine Sache, was macht sie für mich so wichtig, was kann ich damit anfangen? So lernen sie beispielsweise einen Tisch von einem Stuhl zu unterscheiden und später dann einen nachdenklichen Menschen von einem oberflächlichen.

Oftmals werden diese Was-ist-Fragen von uns Erwachsenen jedoch unterschätzt. Wir benennen zwar die Gegenstände, nach denen wir gefragt werden, bedenken aber nicht, daß die Quali-

17

tät unserer Antwort in entscheidendem Maße dazu beiträgt, wie gut oder schlecht Kinder lernen, ihre Lebensform in wichtige und unwichtige Objekte einzuteilen, um sich im Labyrinth der sie umgebenden Welt besser zurechtzufinden. So übermitteln wir durch unsere Antworten den Kindern auch wesentliche Merkmale einer Sache, wie z. B. ein Tisch hat Kanten oder ein Schrank hat Ecken. Diese Informationen beziehen sich jedoch meistens auf die Beschreibung äußerer Merkmale wie Farbe, Form, Größe und Beschaffenheit, die nicht unveränderlich sind und von Kulturkreis zu Kulturkreis variieren können: So hat ein Schrank bei den Eskimos beispielsweise keine Ecken – er ist rund. Außerdem lassen sich die äußeren Merkmale einer Sache sehr leicht mit den Sinnen erfassen. Dies trifft allerdings nicht auf den Gebrauch eines Gegenstandes zu, ihn können wir nicht so ohne weiteres mit den Augen ablesen. Deshalb sollten wir unseren Kindern nicht nur sagen: das ist ein Tisch, sondern ihnen auch erklären, wozu wir diesen Tisch brauchen – nämlich zum Essen und zum Arbeiten.

Nun läßt sich dagegen sicherlich einwenden, daß Kinder den Gebrauch von Dingen schon noch früh genug mitbekommen, schließlich essen sie ja tagtäglich an einem Tisch. Für die Gegenstände des Alltagslebens trifft dies in der Regel auch zu, komplizierter wird es jedoch bei Sachen, die wir nicht so oft benötigen, wie z. B. Musikinstrumente, Werkzeuge oder gar geistige Produkte (Wörter, Noten, Zahlen), die nicht sinnlich wahrnehmbar sind, und auf die wir nicht einfach so mit dem Finger zeigen können. Durch einen frühzeitigen Hinweis auf den Gebrauch von geistigen Gegenständen ermöglichen wir unseren Kindern, deren Bedeutung für uns Menschen differenzierter zu erfassen. Später fragen unsere Kinder nicht mehr nur nach einfachen alltäglichen Gegenständen. Sie wollen dann beispielsweise wissen, was Gerechtigkeit ist (siehe Seite 50), und dann können wir uns nicht durch einen Hinweis auf äußere Merkmale aus der Affäre ziehen. Allerdings vergessen wir bei solchen schwierigen Gegenständen häufig, daß die ursprünglichen Was-ist-Fragen aus dem Spiel, also aus der Tätigkeit heraus, entstanden sind: Das Kind greift in den Baggermatsch und fragt: Was ist das?

Deshalb sollten wir uns bei der Beschäftigung mit solchen komplizierten Gegenständen auf ihre spielerische Ursprünglichkeit besinnen. Die Frage nach der Gerechtigkeit läßt sich beispielsweise anschaulich erörtern, indem wir sie in ein konkretes Spiel einbetten: Wie lassen sich fünf Bonbons gerecht auf sechs Kinder verteilen? (siehe Seite 50). Wichtig – auch beim Umgang mit abstrakten Begriffen – bleibt jedoch immer die Frage: Wozu brauche ich sie? Was drücken sie aus? Wann und zur Charakteristik welcher Sachverhalte wende ich sie an?

Warum ist das so? – Über das Entstehen der schwierigen Fragen

Wenn ein Kind einen Turm baut und einen Stein auf den anderen setzt, dann wird es ab einer bestimmten Höhe feststellen, daß der Turm zusammenbricht. Und oftmals hören wir dann die Frage: „Du, Mama, warum kracht denn der Turm zusammen?"

Ein Kind lernt in den ersten Lebensjahren nicht nur, Gegenstände und Personen zu benennen und sie in eine bestimmte Ordnung zu bringen – Tisch und Stuhl gehören in die Wohnung, Apfelbäume befinden sich außerhalb des Hauses – es bemüht sich auch, Gründe für diese Ordnung aufzudecken: Warum wachsen Apfelbäume im Garten und nicht im Kinderzimmer; warum stürzt ein Turm ein, wenn ich zuviele Steine übereinanderlege?

Kinder orientieren sich im Labyrinth der sie umgebenden Gegenstände, Personen und Beziehungen, indem sie die Erkenntnisobjekte von uns Erwachsenen und unserer Lebensform nicht einfach so übernehmen, sondern nach ihrem Sinn fragen. Warum gibt es gerade diese Ordnung der Dinge und Personen und keine andere? Sie wollen für Vorgänge und Tatsachen, die uns selbstverständlich geworden sind, naturwissenschaftliche, historische und kulturelle Erklärungen haben. Und weil wir Erwachsenen uns nicht auf allen Fachgebieten, wie z. B. Astronomie, Geographie oder Geschichte auskennen, sollten wir uns nicht davor scheuen, hin und wieder zum Lexikon oder einem anderen Fachbuch zu greifen, um uns sachkundig zu machen, damit wir unseren Kindern die gewünschte Erklärung geben können. Wir erleichtern ihnen den Umgang mit unserer Lebensform, in die sie hineingeboren werden und die sie nicht frei wählen können, wenn wir uns zusätzlich bemühen, alltägliche Entscheidungen und Anordnungen durch Gründe verständlicher werden zu lassen. Sie lernen dadurch, frühzeitig zu begreifen, warum wir Erwachsenen so und nicht anders handeln beziehungsweise gehandelt haben, und warum wir diese und keine andere Ordnung der Dinge in unserer kleinsten Lebensform, der Familie, wünschen: Ich möchte, daß du jetzt ins Bett gehst, weil du morgens immer Schwierigkeiten hast, rechtzeitig aus dem Bett zu kommen. Du brauchst einfach deine zehn Stunden Schlaf!

Selbst, wenn das Kind mit dieser Entscheidung nicht einverstanden ist oder sein will, so erfährt es in diesem Beispiel, das nach meiner Erfahrung zum *Einmaleins* des Elternseins gehört, einen Grund, warum die Eltern meinen, daß es früh schlafen gehen soll. Es erlebt darüber hinaus aber auch, daß Eltern ihre Entscheidungen nicht grundlos und ohne nachzudenken treffen, und daß die von ihnen geschaffene Ordnung in der Familie nicht willkürlich ist, sondern bestimmten Regeln folgt, die sich im Laufe der Zeit herausgebildet haben und an denen auch ein Kind teilnimmt.

Muß das immer so sein? – die weiterfragenden oder reflexiven Fragen

Warum kann man Zeit eigentlich nicht sehen?

Jenny (9 Jahre)

Wir haben bisher herausgefunden, daß Kinder schon sehr früh versuchen, durch Was-ist und Warum-Fragen den Dingen ihrer Umwelt auf den Grund zu gehen. Dabei erleben sie, daß Erwachsene Fragen wie „Was ist ein Fahrrad und warum hat es zwei Räder?" mühelos beantworten können. Gleichzeitig erfahren sie aber auch, daß Fragen, wie „Was ist Glück?", „Hat der Himmel ein Ende?" oder „Können Hunde denken?" Ratlosigkeit hervorrufen. Wir Erwachsenen zucken mit den Schultern, sind beschäftigt oder murmeln: Woher soll ich das denn wissen? Und somit kommen wir – auf Umwegen über das „Was-ist und Warum" – zum eigentlichen Thema dieses Buches, den schwierigen Fragen unserer Kinder.

Schwierige Fragen sind abstrakte Fragen, die einen großen Wissenszusammenhang betreffen und deren Beantwortung eine umfassende Deutung, d. h. ein Aufzeigen von einzelnen Mosaiksteinchen erfordern, die nach und nach zu einem Ganzen zusammengesetzt werden müssen. So können wir hinsichtlich der Frage „Was ist Glück?" nicht mit dem Finger auf einen Gegenstand wie einen Tisch zeigen, weil Glück nicht sinnlich wahrnehmbar ist. Es besitzt im Gegensatz zu einem Tisch keine raum-zeitliche Existenz: wir sehen und hören es nicht, sondern wir erleben es. Glück ist also kein Gegenstand, sondern eine gedankliche Abstraktion, ein Reflexionsobjekt, das wir in einzelne Aspekte zerlegen können: Glück als körperlicher und geistiger Lustgewinn eines einzelnen Menschen, Glück als Lustgewinn einer Gruppe von Menschen oder einer Gesellschaft, Glück als Streben nach einem guten Leben für alle Menschen, Glück als Erlebnis, als Zustand, als Ziel, als Erinnerung, als eine Art Wohlbefinden. Alle diese Aspekte und noch einige mehr können wir als Mosaiksteine zu einem Ganzen – zum Begriff Glück – zusammensetzen. Dabei sind verschiedene Varianten der Anordnung möglich, d. h. zuerst die blauen und dann die roten oder zuerst die großen und dann die kleinen. Übertragen auf den Begriff Glück hieße das: Steht für uns das Glück als geistiger Lustgewinn an erster Stelle oder das Glück als sinnlicher Lustgewinn? Ist Glück in erster Linie das Streben nach einem guten Leben oder ein vergänglicher Zustand? Ist Glück nur etwas spezifisch Menschliches oder können es auch andere Lebewesen empfinden? Welcher Aspekt ist der wichtigste? Wie will ich die einzelnen Aspekte anordnen, gruppieren, klassifizieren? Worauf kommt es mir an? Wie bringe ich meine Mosaiksteinchen in einen größeren Zusammenhang?

Wir haben also verschiedene Möglichkeiten, die einzelnen Bestandteile eines Reflexionsgegenstandes zu gewichten, ihnen eine Bedeutung zu verleihen. Und dies führt uns zu einer zweiten Bestimmung schwieriger Fragen: Sie sind nämlich solche Fragen, die am Schluß einer Diskussion offenbleiben. Sie lassen sich auch bei harter geistiger Anstrengung nicht eindeutig beantworten, weil entweder noch einige Mosaikteilchen fehlen, die für eine umfassende Deutung wichtig wären, oder weil die Anordnung der Mosaiksteine verschiedene Deutungen zuläßt, d. h. die Welt, in der wir leben, ist nicht durchsichtig und kristallklar, weil der Mensch „die Welt als Totalität weder anschauen noch denken kann"[2]. Deshalb sollten wir unseren Kindern am Anfang eines Gesprächs über reflexive Fragen auch klarmachen, daß wir ihnen keine Patentlösung, keine Leitsätze oder gar Beweise als Antwort liefern können, und daß sie vielleicht am Ende eines solchen Gesprächs das Gefühl haben könnten, unsere Diskussion hat nichts gebracht – wir haben ja doch keine richtige Antwort gefunden. Dies führt uns zu einer dritten Bestimmung schwieriger Fragen. Bei ihrer Beantwortung läßt sich selten ein Konsens, eine Übereinstimmung erreichen. Wenn ein Kind beispielsweise fragt, ob der Himmel ein Ende hat, so können wir zwei sich widersprechende Positionen einnehmen, indem wir entweder sagen:

1. Der Himmel hat einen zeitlichen Anfang und räumliche Grenzen, oder davon ausgehen

2. Der Himmel hat keinen Anfang und kein Ende. Er ist in seiner räumlichen und zeitlichen Ausdehnung unendlich.

Der deutsche Philosoph Immanuel Kant[3] hat darauf hingewiesen, daß bei schwierigen Fragen, die vom Feld der Erfahrung abheben – und der Himmel liegt ja außerhalb unseres konkreten Erfahrungsbereiches – die Thesen und Gegenthesen nicht einfach nur nebeneinander gestellt werden können, wobei sich jeder ohne gründliche geistige Anstrengung für eine der beiden Positionen entscheiden kann. Die Argumente, die eine der sich widersprechenden Positionen stützen, werden einer vernünftigen Prüfung unterzogen – dies ist eine vierte Bestimmung.

Wenn Kinder solche schwierigen Fragen wie nach dem Ende des Himmels oder dem Denkvermögen von Tieren stellen, dann müssen sie auch erfahren, daß es ein mühsamer Weg sein kann, ein Mosaiksteinchen zum anderen zu setzen – wir müssen uns durch das Labyrinth von vielen Gründen und Gegengründen, von wichtigen und unwichtigen Gedanken und Begriffen hindurchwühlen, ehe wir Ordnung in unsere Frage(n) bringen können.

Die schwierigen Fragen unserer Kinder lassen sich nach meiner Erfahrung in vier Grundgruppen einteilen. Die folgende Unterscheidung ist jedoch nur ein vorläufiges Fundament; sie muß differenziert und ergänzt werden.
Die erste Gruppe der schwierigen Fragen umfaßt die metaphysischen Fragen, die sich mit dem menschlichen Dasein und der Entstehung und dem Aufbau des Weltalls beschäftigen. Hierzu gehören z. B. Fragen wie:

1. Wer hat die Sonne angezündet?
2. Hat der Himmel ein Ende?

3. Wie kommen die Sterne an den Himmel?
4. Warum müssen alle Menschen sterben?
5. Geht das Leben nach dem Tod noch weiter?

An diese und ähnliche Fragen, bei deren Beantwortung sich gegensätzliche Positionen beziehen lassen, können wir uns durch eine genaue Erklärung der sie tragenden Begriffe, wie z. B. Himmel, Tod, Leben etc. herantasten (siehe Seite 31 ff).

Eine zweite Gruppe dieses Komplexes bilden die ethischen Fragen. Sie beziehen sich im weitesten Sinne auf menschliche Handlungen. Dazu gehören auch die materiellen und sozialen Bedingungen, unter denen sich Handlungen vollziehen und ihre Folgen für den Einzelnen oder für eine Gruppe von Menschen oder die Gesellschaft sowie moralische Normen (Vorschriften), die angeben, was jemand unter bestimmten Bedingungen tun oder unterlassen soll, und die als Maßstab für gutes oder schlechtes Handeln in kleinen und großen Gruppen von Menschen gelten. Wir alle benutzen in diesem Zusammenhang Bewertungen wie gerecht und ungerecht, gut und böse etc.

Kinder erkennen schon sehr früh, daß ihr Tagesablauf durch das Gute und Schlechte von Dingen und Situationen bestimmt wird. Sie möchten beispielsweise in einer Gruppe von Kindern mitspielen, die jedoch keine neuen Mitglieder aufnehmen will. Deshalb bringen die Spielpartner nun eine Reihe von Gründen vor, warum das Mitspielen oder das Nichtmitspielenlassen gerecht oder ungerecht ist und welche Vor-und Nachteile dadurch entstehen. Im Laufe einer solchen Auseinandersetzung gelangen die Spielpartner zwar nicht zu einer umfassenden Klärung des Prinzips der Gerechtigkeit, sie stellen jedoch Fragen oder stoßen auf Handlungszusammenhänge, die zeigen, daß ethische Probleme nicht vom Alltagsleben getrennt werden können, z. B.:

1. Müssen Eltern ihre Kinder immer gleich behandeln?
2. Kann man am Gesicht sehen, ob jemand gut oder böse ist?

3. Sind wir Menschen wirklich frei?
4. Muß man immer die Wahrheit sagen?
5. Darf man Tiere töten?

Eine dritte Gruppe von Fragen erstreckt sich auf linguistische und logische Probleme, d. h. auf Themen, welche die Herausbildung, Entwicklung und den Gebrauch von Sprache als Ausdrucks- und Verständigungsmittel betreffen wie beispielsweise:

1. Wer hat die Sprache erfunden?
2. Weiß eigentlich jeder, wenn ich Tisch sage, daß ich auch den Tisch meine?
3. Sind die Wörter bei der Geburt schon im Kopf des Babys drin oder kommen die erst später rein?
4. Wenn ich denke, male ich dann Bilder in meinem Kopf?
5. Kann jemand, der nicht sprechen kann, genauso gut denken wie ich?

Zur letzten Gruppe der schwierigen Fragen zähle ich die ästhetischen und anthropologischen Fragen, die sich auf Probleme des persönlichen Geschmacks, auf die Begriffe *schön und häßlich* sowie auf den Menschen als ganzheitliches Wesen beziehen. Hierzu gehören Fragen wie:

1. Können Tiere denken?
2. Wenn ich bei einem Unfall ein Bein verliere, bin ich dann noch derselbe Mensch?
3. Wenn ein Außerirdischer zu uns käme, der so aussieht wie wir, jedoch nicht lachen und weinen kann, ist er dann ein Mensch wie wir oder etwas anderes?
4. Wieso meinen alle, daß Schokolade süß schmeckt, während der eine diesen und der andere jenen Menschen schön findet?
5. Gibt es einen Einheitsgeschmack für manche Geschmäcker und für andere nicht?

Die von mir aufgeführten vier Gruppen von Fragen lassen sich beliebig erweitern. Ich wollte durch mein Schema lediglich zeigen, daß die schwierigen Fragen unserer Kinder viele Reflexionsbereiche betreffen, die wir auch in der Tradition der abendländischen Philosophie wiederfinden können. Wir sollten allerdings jetzt nicht versuchen, jede Frage unserer Kinder in dieses oder ein anderes Klassifikationsschema zu pressen, auch wenn sie einen tiefgründigeren Sinn zu haben scheint. So kann die Frage, warum eine Rose keine Lilie wird, durchaus nur spielerischen Charakter tragen. Es wäre natürlich auch möglich, daß ein Kind gern wissen möchte, warum ein Gegenstand oder ein Lebewesen sich nicht in etwas anderes verwandeln kann, warum er das ist, was er ist.

Die Philosophen haben solche und ähnliche Fragen im Laufe der fast 2500jährigen Philosophiegeschichte in begrifflich differenzierter Form behandelt. Sie fragten dabei nicht – wie dies die Kinder tun –, ob Wörter schon vor der Geburt im Kopf drin waren, sondern ob Sprachstrukturen und Begriffe angeboren sind, bzw. ob Begriffe apriorischen Charakter tragen, d.h. schon vor jeder Erfahrung gegeben sind.

Während sich die Philosophen beruflich mit solchen Fragen beschäftigen, stoßen wir Erwachsenen meist in Krisensituationen auf fundamentale Lebensprobleme: Wir fragen nach dem Tod, wenn ein uns nahestehender Mensch stirbt, oder wir denken darüber nach, ob wir immer richtig gehandelt haben, wenn eine Ehe zerbricht oder eines unserer Kinder Rauschmittel nimmt. Zu vielen Fragen fehlt uns jedoch meistens der Anlaß oder ein Anstoß. So treten beispielsweise anthropologische oder linguistische Fragen in den Hintergrund, während metaphysische und ethische Probleme, auf die wir im Alltagsleben häufiger stoßen, als Reflexionsgegenstände eher präsent sind. Der Philosoph Karl Jaspers nennt solche existentiellen Erfahrungen „Grundsituationen unseres Daseins" oder auch Grenzsituationen. „Das Bewußtwerden dieser Grenzsituationen ist nach dem Staunen und dem Zweifel der tiefere Ursprung der Philosophie. Im bloßen Dasein weichen wir oft vor ihnen aus, indem wir die Augen schließen und leben, als ob sie nicht wären. Wir vergessen, daß wir sterben müssen, vergessen unser Schuldigsein und unser Preisgegebensein an den Zufall. Wir können jedoch unsere Ohnmacht oder unseren Schmerz lindern und bewältigen, wenn wir beginnen, uns reflexiv damit auseinanderzusetzen[4]".

Kinder verhalten sich in dieser Hinsicht anders. Sie benötigen keine Krisensituation, um beispielsweise nach dem Ende des Himmels zu fragen, obwohl sie natürlich auch durch Erlebnisse wie den Tod eines Verwandten oder die Scheidung der Eltern zum Nachdenken angeregt werden. Sie schauen einfach – so wie Frederick am Timmendorfer Strand – auf das Meer hinaus, streifen mit ihren Augen den Horizont und wenden sich dann plötzlich dem Himmel zu – das Interesse ist geweckt!

Kinder geraten beim Spielen, ihrem Haupttätigkeitsbereich, ununterbrochen auf Dinge und Situationen, die sie im Gegensatz zu uns Erwachsenen mit Leichtigkeit dazu anregen, Fragen zu stellen, die über ihren unmittelbaren Erfahrungshorizont hinausgehen und einen großen Wissenszusammenhang betreffen. Oftmals bieten ihnen auch Gute-Nacht-Geschichten und Märchen Anlaß (siehe Seite 70), ihre Phantasie und Neugier spielen zu lassen.

3

Der Kompaß peilt auf ein Ziel –
die Suche nach Antworten

Papa, sag doch mal ... Kinder wollen etwas wissen

Warum ist auf der Welt die Zahl der Klugen klein?
Weil's so bequem ist, dumm zu sein!

Johann Wilhelm Ludwig Gleim

Ist jemand, der viel gelesen hat, eigentlich ein kluger
Mensch?

Christoph (9 Jahre)

Kinder fragen nach dem Ende des Himmels, nach dem Tod oder
nach dem Ursprung der Sprache, weil sie von uns Erwachsenen
erwarten, daß wir ihnen schnell die richtige Antwort präsentieren: Papa weiß ja, wann Opa geboren wurde oder wer die Loko-
motive erfunden hat – warum sollte er nicht auch wissen, ob
Tiere denken können? Dies ist eine ganz natürliche Schlußfol-
gerung. Kinder gehen *ganz automatisch* davon aus, daß wir Erwachsenen Experten auf allen Gebieten sind. Und deshalb versuchen sie, ihr Informationsdefizit mit unserer Hilfe auszuglei-
chen. Dagegen läßt sich im Prinzip nichts einwenden, obwohl
die Fragerei manchmal auch lästig werden kann, weil Kinder ab
und zu aus Lust und Laune fragen, da sie nichts Besseres zu tun
haben.

Wenn wir nun an einem schönen Sonntagmorgen am Kaffee-
tisch oder abends vor dem Schlafengehen oder anderswo zusammensitzen und unser Kind fragt, wer denn die Sonne ange-

zündet habe, so sollten wir ihm vor Gesprächsbeginn erst einmal erklären, daß auch Erwachsene nicht alles wissen, und daß es einfache und schwierige Fragen gibt, d. h. Fragen, die wir beantworten können und Fragen, die wir nicht beantworten können (siehe Seite 22).

Auch bei den Fragen, die wir beantworten können, läßt sich noch eine kleine Unterscheidung anführen. Viele Fragen der Kinder betreffen unmittelbar unsere Lebensform, wie z. B. die Familie oder den Arbeitsbereich. Deshalb können wir die Antwort darauf *aus dem Ärmel schütteln*, denn wir sind mit den Dingen, Personen, Ereignissen und den Beziehungen zwischen ihnen gut vertraut. Berühren solche Fragen jedoch Wissensgebiete wie Astronomie, Physik, Chemie oder Geographie, so müssen wir entweder allein oder gemeinsam mit unseren Kindern in einem Lexikon oder Sachbuch nachschlagen, um die gewünschte Information zu erhalten. Es ist natürlich auch möglich, einen Experten zu Rate zu ziehen, indem wir beispielsweise einen Mathe- oder Physiklehrer fragen. Er wird uns dann eine befriedigende Antwort geben, indem er Beweise, Berechnungen oder Daten anführt, an deren Richtigkeit nicht zu zweifeln ist, denn entweder laufen die Flüsse aufgrund des Gravitationsgesetzes nicht aus, wenn sich die Erde um die Sonne dreht, oder sie laufen aus. Eine Zwischenlösung gibt es in diesem Fall nicht, im Gegensatz zu den schwierigen Fragen, bei denen verschiedene Meinungen möglich sind, die wir einer vernünftigen Prüfung unterziehen müssen. Wir sollten unseren Kindern deshalb schon vor Gesprächsbeginn sagen, daß wir eine Frage wie z. B. „Ist ein Hundeleben genausoviel wert wie ein Menschenleben?" nicht eindeutig mit „Ja" beantworten können, ohne uns vorher darüber zu unterhalten, was wir unter Leben und wertvoll verstehen. Und da treten schon die ersten Schwierigkeiten auf: Wie können wir solchen schwierigen Begriffen wie Glück oder Gerechtigkeit auf die Spur kommen? Womit sollen wir ein Gespräch beginnen?

Das reflexive Gespräch in der Familie

Jeder, der mit Kindern täglich zusammen ist, kann ein Lied davon singen, wie viele Fragen ihnen durch den Kopf schwirren und wie oft sie uns in Gespräche verwickeln wollen. Der amerikanische Pädagoge und Philosoph Ronald Reed hat in seinem Buch „Kinder möchten mit uns sprechen"[5] auf verschiedene Gesprächsformen in der Familie hingewiesen. Er unterscheidet das informierende, das emotionale, das zweckbestimmte und das unterhaltende Gespräch vom entdeckenden, dessen Ausgangspunkt schwierige Fragen oder ein ungelöstes Problem bilden.

In einem informierenden Gespräch werden in erster Linie Informationen (Fakten, Erlebnisse) ausgetauscht, während in einem emotionalen Gespräch über gute und schlechte Stimmungen, wie z. B. Lust oder Unlust oder über Gefühle wie Angst, Wut, Zuneigung oder Trauer, geredet wird. In einem zweckbestimmten Gespräch dagegen versuchen die Gesprächspartner, ein bestimmtes Ziel zu erreichen, für das sie mit guten oder schlechten Argumenten eintreten. So will Dennis beispielsweise unbedingt mit dem Fahrrad in die Schule fahren. Er bemüht sich deshalb, seine Mutter nach allen Regeln der Kunst niederzureden, weil sie ihm die Erlaubnis verweigert.

In einer Unterhaltung pflegen wir im Gegensatz dazu die Langeweile zu überbrücken. Dies geschieht durch Anekdoten aus unserem Leben, durch Witze oder auch kleine Bonmots, mit denen wir uns die Zeit vertreiben wollen – die bekannteste Form eines solchen Gesprächs ist der Partytalk, der dem Ziel dient, Geselligkeit zu erleben.

Das reflexive Gespräch unterscheidet sich von diesen Gesprächsformen dadurch, daß es an schwierige Fragen, wie z. B. „Müssen wir immer die Wahrheit sagen" oder „Können Tiere denken" anknüpft und von den Gesprächspartnern eine bestimmte geistige Anstrengung erfordert.

Wenn Kinder (verschiedener Altersstufen) nun fragen, ob wir immer die Wahrheit sagen müssen oder ob Tiere denken können, dann sollten wir uns zuerst einmal den wichtigsten Begriffen einer solchen Frage zuwenden und herausfinden, was die einzelnen Gesprächspartner darunter verstehen. Sonst würden wir vielleicht aneinander vorbeireden, wenn wir nach Antworten auf solche schwierigen Fragen suchen, weil jeder Gesprächspartner möglicherweise andere Vorstellungen mit einem Begriff verbindet, und denen müssen wir auf die Spur kommen, indem wir fragen: Was ist Wahrheit, welche Vorstellungen im Sinne von Werten, Erfahrungen und Erlebnissen verbinden wir damit? Was verstehe ich unter Wahrheit?

Bevor ich nun einige Anregungen und Beispiele anführe, die interessierten Erwachsenen, insbesondere Eltern, helfen sollen, sich gemeinsam mit ihren Kindern solchen schwierigen Begriffen wie Wahrheit, Denken oder Gerechtigkeit zu nähern, möchte ich mich der Frage zuwenden, was überhaupt ein Begriff ist. Und auch diese Frage gehört zu den schwierigen. Wenn wir miteinander sprechen, verwenden wir Wörter und Begriffe. Wozu brauchen wir diese Unterscheidung? Würde es nicht ausreichen, wenn wir einfach nur sagten: eine Sprache besteht aus Wörtern. Dies wäre vielleicht eine nützliche Vereinfachung, aber dennoch kommen wir nicht an der Tatsache vorbei, daß es in den indoeuropäischen Sprachen eine Unterscheidung zwischen Wort und Begriff gibt: im Englischen zwischen ‚word‘ und ‚concept‘, im Französischen zwischen ‚mot/parole‘ und ‚concept‘ oder im Russischen zwischen ‚slovo‘ und ‚ponjatie‘. Das in den romanischen Sprachen und im Englischen und Deutschen verwendete ‚concept‘ geht auf den lateinischen Ursprung ‚conceptus‘ zurück, der soviel wie Gedanke bedeutet, und ein Gedanke ist etwas, das man be-griffen hat, wie es im Russischen heißt (ponjat‘).

Ausgehend von diesen Bedeutungen möchte ich im Hinblick auf das Gespräch über schwierige Fragen einen Bedeutungsunterschied zwischen Begriff und Wort vorschlagen, obwohl ich mir darüber im klaren bin, keine endgültige Lösung für die Beziehungen zwischen Wort und Begriff präsentieren zu können,

zumindest jedoch eine brauchbare, die den Umgang mit schwierigen Begriffen erleichtern kann.
Der österreichische Philosoph Ludwig Wittgenstein hat festgestellt: „Die Wörter der Sprache benennen Gegenstände. Jedes Wort hat eine Bedeutung. Die Bedeutung ist dem Wort zugeordnet. Sie ist der Gegenstand, für welchen das Wort steht"[6].

In Anlehnung an diese Festlegung könnten wir sagen, daß einem Begriff mehrere solcher Bedeutungen und Gegenstände zugeordnet werden können, und wenn wir uns über einen Begriff Klarheit verschaffen wollen, dann müssen wir herausfinden, welche Bedeutungen (Erfahrungen, Bewertungen, Vorstellungen) dahinter stehen. Wir müssen untersuchen, welche Gegenstandsbereiche ein Begriff abdeckt und wo seine Hauptbedeutung liegt. Dies geschieht, indem wir ein freies Gelände eingrenzen und Flächen markieren, bis wir zur eigentlichen Bebauungsfläche, dem Kern vorstoßen. Jeder muß dabei seinen eigenen Bebauungsplan entwerfen und die Mosaiksteinchen, die er herausschält, nach seinem Verständnis zu einem Ganzen zusammenfügen. Meine Anregungen sind lediglich als Konstruktionsskizzen oder als Bauanleitung zu verstehen. Wie sie in die Tat umgesetzt werden, bleibt Ihrer Gesprächskunst überlassen. Jeder muß auf seine Weise versuchen, Klarheit und Zusammenhang in seine Skizze zu bringen, indem er ein Netz von Grenzpunkten zieht.

Wenn wir also die Frage beantworten wollen, ob wir immer die Wahrheit sagen müssen, dann sollten wir uns mit unseren Kindern am Anfang des Gesprächs erst einmal darüber verständigen, wie wir den Begriff der Wahrheit verwenden, der ja zu unserem täglichen Wortschatz gehört, ohne daß wir uns im allgemeinen große Gedanken über seine Bedeutung machen. Wir könnten z. B. Situationen aufzählen, in denen wir bisher die Wahrheit – so wie wir sie verstehen – gesagt haben. Solche Situationen wären beispielsweise:

1. Du hast mich gefragt, ob ich gestern abend fernsehen geguckt habe, und ich habe *ja* gesagt, denn ich hatte heimlich das
Gerät eingestellt, nachdem ihr fortgegangen wart, obwohl du's
mir verboten hattest.

2. Du hattest mir aufgeschrieben, daß ich Butter kaufen soll.
Leider hab ich's vergessen, aber das habe ich dir ja schon gesagt.

3. Thomas aus unserer Klasse erzählt allen, ob er sie gut findet
oder nicht. Und wenn er jemanden nicht leiden kann, dann sagt
er ihm das ins Gesicht. Mir fehlt dazu der Mut.

4. Wenn ich meinen Hund Foxi frage, wo er den Knochen ver-
steckt hat, dann führt er mich zu der Stelle hin. Er sagt mir die
Wahrheit nach Hundeart.

5. Frau Schulz erzählt Mama jeden Morgen im Bus, was es am
Abend davor im Fernsehen gab. Und sie erzählt den Film immer so, wie er war.

Die Gesprächspartner müssen nun gemeinsam überlegen, welches Beispiel am wichtigsten ist, d. h.: Welches Beispiel drückt
am treffendsten aus, was Wahrheit sein könnte? Welches der
genannten Beispiele hilft uns weiter, wenn wir die Frage beantworten wollen, ob wir immer die Wahrheit sagen müssen? Falls
Sie mit Ihrem Kind mehr als zwei Beispiele finden, sollten Sie
diese – analog zu meiner Fragenliste – aufschreiben, weil sie
sonst vielleicht in Vergessenheit geraten könnten. Eine Fragenliste ermöglicht uns außerdem, vor allem dann, wenn wir noch
nicht so geübt im Umgang mit schwierigen Fragen sind, die Beispiele besser zu *sortieren*. Wir können dann die wichtigen ein-
kreisen – einen Bauzaun ziehen. Diesen Bauzaun errichten wir,
indem wir beispielsweise überlegen, was bei Beispiel 1 passiert
wäre, wenn das Kind nicht gesagt hätte, daß es trotz des Verbots
ferngeschaut hat, d. h. der erste Stützpfeiler von begrifflichen
Bauzäunen sind entgegengesetzte Begriffe, in unserem Fall der
Begriff der Unwahrheit oder Lüge:

Beispiel 1: Du hattest mich gefragt, ob ich fernsehen geguckt habe, als ihr weg wart, und ich habe ‚nein' geantwortet, obwohl ich doch ferngesehen habe. Ich hatte einfach Angst, du würdest meckern.

Beispiel 3: Thomas aus meiner Klasse sagt nicht immer allen Mitschülern, ob er sie gut findet oder nicht. Und wenn er jemanden nicht leiden kann, dann sagt er ihm das nicht ins Gesicht.

Bei Beispiel 3 müßten wir darüber nachdenken, ob es etwas mit Wahrheit zu tun hat, wenn ein Mitschüler den anderen nicht mitteilt, daß er sie gut oder nicht gut findet. Müssen wir immer sagen, was wir denken? Eine Entscheidungshilfe wäre vielleicht die Überlegung, daß es andere Wörter gibt, mit denen wir Thomas' Verhalten besser beschreiben können. Hierbei handelt es sich um Begriffe, die dem der Wahrheit ähnlich sind, um verwandte Begriffe, wie z. B. Ehrlichkeit und Aufrichtigkeit, wobei wir entscheiden müssen, wann wir von Ehrlichkeit sprechen und wann von Wahrheit. So könnten wir dann beispielsweise festlegen, daß Thomas' Verhalten auf der Charaktereigenschaft Ehrlichkeit beruht, jedoch den Begriff der Wahrheit nicht trifft.

Wenn wir das Prinzip des Abwägens von Äußerungen anwenden und uns bemühen, diejenigen Eigenschaften eines Begriffs herauszulösen, die uns am wichtigsten erscheinen, so werden wir möglicherweise herausfinden, daß die Äußerungen 1 und 2 den Begriff der Wahrheit am treffendsten charakterisieren: Wahrheit ist ein überprüfbarer Sachverhalt, d. h. wir erzählen eine Sache so, wie sie passiert ist.
Nun haben wir den Begriff der Wahrheit zwar vorläufig geklärt, jedoch noch nicht die Frage beantwortet, ob wir immer – unter allen Umständen – die Wahrheit sagen müssen oder nicht. Ich möchte an dieser Stelle nochmals betonen, daß die Charakteristik eines Begriffs, in unserem Beispiel der Wahrheit, keine für alle Menschen verbindliche Definition darstellt, sondern eine Festlegung, die von zwei Gesprächspartnern oder einer Gruppe

getroffen wird. Es könnte also auch durchaus sein, daß eine andere Gruppe von Menschen diesen Begriff ganz anders definiert; wir können keine allgemeingültige Festlegung angeben.

Wenn wir nun die Frage beantworten wollen, ob wir immer die Wahrheit sagen müssen, dann können wir als Ausgangspunkt einer Diskussion zwei gegensätzliche Positionen bilden:

1. Wir müssen immer die Wahrheit sagen und können unter keinen Umständen die Unwahrheit gelten lassen.

2. Wir müssen immer die Wahrheit sagen. Es gibt jedoch bestimmte Situationen im Leben, die uns zwingen, die Unwahrheit zu sagen.

Wenden wir uns zunächst der ersten Position zu: Wenn ein Gesprächspartner behauptet, daß wir immer die Wahrheit sagen müssen, dann fragen wir ihn, warum er diese Ansicht vertritt; wir wollen also von ihm einen Grund erfahren. So könnte er beispielsweise meinen, daß wir unter allen Umständen die Wahrheit kundtun müssen:

– weil die Gesprächspartner sonst etwas Falsches erfahren und vielleicht dann anderen Menschen Schaden zufügen, wenn sie das Falsche weitergeben;
– weil wir jemandem, der ein-oder mehrmals die Unwahrheit gesagt hat, nicht mehr (ver)trauen können; wir wissen ja nicht, ob er dieses Mal die Sache richtig erzählt oder nicht;
– weil wir in unserem Verhalten unsicher werden: man kann jemanden, der die Unwahrheit sagt, nicht mehr richtig einschätzen. Es entstehen Kommunikationsstörungen;
– weil die Großeltern meinen, daß man immer die Wahrheit sagen soll;
– weil die Wahrheitstreue die Voraussetzung für die Entwicklung der Charaktereigenschaft Ehrlichkeit ist;
– weil es so in der Bibel steht.

Diese Gründe zeigen uns, daß in einem reflexiven Gespräch im Unterschied zu anderen Gesprächsformen jede Äußerung (Behauptung) durch einen Grund (Argument) gestützt werden muß, aufgrund dessen eine Behauptung in sich schlüssig, also logisch erscheint[7]:

G ————————————————————→ Deshalb B

weil andere Menschen sonst   *wir müssen immer*
etwas Falsches erfahren   *die Wahrheit sagen*
und vielleicht anderen schaden

Die Gründe, mit denen wir eine Behauptung stützen können, tragen vielfältigen Charakter. Bei dem Argument in unserem Beispiel handelt es sich um eine begriffliche Konstruktion, d. h. einen nichtempirischen Grund. Diese Gründe lassen sich nicht an Tatsachen überprüfen. Sie sind sogenannte Verstehensargumente, die das Verständnis einer Behauptung verbessern sollen und dem Gesprächspartner erklären, warum jemand so denkt und wie er dazu kommt, etwas zu behaupten/festzustellen/zu fordern/zu verwerfen... Nichtempirische Gründe können von dem mitdiskutierenden Gesprächspartner nur rational (gedanklich) erfaßt werden.

Dies betrifft jedoch nicht den Grund *weil es so in der Bibel steht.* Hierbei handelt es sich um einen empirischen Grund, den der Gesprächspartner nachprüfen kann, wie beispielsweise eine Tatsacheninformation (es passierte gestern um 11 Uhr...) oder um einen literarischen Tatbestand , d. h. eine Textstelle aus einem Buch, die jeder im Zweifelsfall nachschlagen kann.

In einer Diskussion lassen sich sehr viele Gründe anführen, um die Behauptung, man solle immer die Wahrheit sagen, zu stützen. Es kommt deshalb darauf an, daß wir ein Kriterium finden, das uns ermöglicht, einen guten Grund von einem schlechten oder einen geeigneten von einem weniger geeigneten zu unterscheiden. Wir müssen feststellen, ob der angeführte Grund wirklich angemessen ist, um eine Behauptung zu stützen:

G ——————————————————————┬——→ Deshalb B
                                                    │
                                                    ↓
wegen G 2
denn, wenn wir etwas sagen, das
nicht wirklich passiert ist, dann
tun andere Leute vielleicht etwas, das
sie sonst womöglich nicht gemacht hätten, d. h.
sie sind böse oder schimpfen . . . Dies wäre wahrscheinlich
nicht geschehen, wenn sie das Richtige erfahren hätten.

Wenn wir uns den zweiten Grund, *den Grund für den Grund* näher ansehen, so erscheint es einleuchtend, daß durch eine falsche Information oder eine Lüge andere Menschen zu Handlungen angeregt werden, deren Folgen dritten Personen schaden könnten, denn derjenige, der handelt, geht von falschen Voraussetzungen aus.

Wenn wir beispielsweise den Grund: „du mußt immer die Wahrheit sagen, weil die Großeltern meinen, man solle immer die Wahrheit sagen", nach diesem Schema prüfen würden, so müßten wir versuchen, dafür eine plausible Rechtfertigung zu finden, warum jemand die Wahrheit sagen soll, nur weil die Großeltern es verlangen. Wir müßten dann folgendermaßen argumentieren: Ich sage die Wahrheit (B), weil die Großeltern es verlangen (G). Und was die Großeltern verlangen, das tue ich immer (G 2). Nun müßten wir allerdings weiterfragen, warum tust du immer, was deine Großeltern wollen? Würdest du beispielsweise auch etwas stehlen, wenn sie dies von dir verlangen würden?

An dieser Stelle könnten wir dann die Argumentationskette abbrechen, und die Gesprächspartner müßten nach einem treffenderen Grund suchen. Sie könnten sich allerdings auch weiterhin bemühen, den ersten Grund (G) durch wichtige Argumente zu stützen. Irgendwann würden sie dann an einen Punkt gelangen, wo sie sich auf einen letzten vorläufigen Grund einigen müßten, den beide als guten Grund anerkennen. Dieser letzte Grund darf dann nicht im Widerspruch zur Anfangsbehauptung stehen, d. h. der Schlußgrund kann nicht plötzlich das Gegenteil von der Ausgangsthese „du sollst immer die Wahrheit sagen" ausdrücken. Er darf auch nicht die Ausgangsthese lediglich wiederholen im Sinne von „Wir müssen immer die Wahrheit sagen, weil es sich so gehört, daß ehrliche Menschen die Wahrheit sagen". In diesem Fall würde das Argument die Behauptung nicht erklären, sondern nur mit anderen Worten wiedergeben.

Nun werden Sie vielleicht sagen, daß die von mir in den Schemen angeführten Gründe Ihnen nicht plausibel genug erscheinen – vielleicht fällt Ihnen gar ein besserer Grund ein. Die von mir verwendeten Argumente stammen aus einer Diskussion mit Kindern. Und da es sich um begriffliche Zusammenhänge handelt und nicht um empirische (nachprüfbare Gründe), hängt die Plausibilität eines Arguments natürlich auch vom begrifflichen Vermögen der Gesprächspartner ab. Der Philosoph Herbert Schnädelbach schreibt dazu: „Begriffliche Zusammenhänge sind nicht empirisch, weil sie nicht von der Wirklichkeit, sondern von den Bedeutungen bzw. den Bedeutungsregeln der betreffenden Begriffe abhängen"[8]. In diesem Sinne legen also die Mitglieder einer bestimmten Diskussionsgemeinschaft, beispielsweise einer Familie oder einer Gruppe, fest, was sie unter einem von ihnen verwendeten Begriff verstehen. Deshalb kann ein Grund, der von einer Diskussionsgruppe als ein guter Grund angesehen wird, von einer anderen wieder verworfen werden. Dennoch sollten wir uns in unseren Gesprächen bemühen, daß unsere Letztbegründung möglichst vielen Menschen verständlich und plausibel sein sollte. Wir müssen sie deshalb so formulieren, daß sie möglichst die Zustimmung vieler Menschen erhält. Dies können wir beispielsweise erreichen, indem wir uns auf allgemein verbindliche Gesetze, wie z. B. *Die Würde des Menschen ist unantastbar* stützen, die von einer großen Gruppe von Menschen anerkannt werden. Wenn wir darüber diskutieren würden, ob die Folter ein angebrachtes Mittel für den Strafvollzug darstellt, so müßten dies alle, die das Grundgesetz der Bundesrepublik Deutschland anerkennen, als Letztbegründung ablehnen, denn dort steht, daß die Würde des Menschen unantastbar ist. In diesem Sinne können auch allgemeine Prinzipien (Grundsätze) oder gesellschaftlich vermittelte Verhaltensnormen wie z. B. „Du sollst nicht töten" als Letztbegründungen dienen. Sie werden in ihrer Bedeutung nicht weiter hinterfragt und als *anerkannt* in die Diskussion eingebracht, da sie – wie im Falle der Bibel – eine jahrhundertelange Tradition in der abendländischen Kultur aufweisen. Sicherlich lassen sich auch solche altbewährten Prinzipien in Frage stellen; sie führen jedoch in einer Diskussion oftmals zu einem Minimalkonsensus (Übereinkunft).

Wenn wir nun zu unserem Beispiel der *Wahrheit* zurückkehren, so haben wir bisher noch nicht geprüft, ob wir immer, d. h. unter allen Umständen, die Wahrheit sagen müssen. Wäre es vielleicht auch möglich, Ausnahmen zuzulassen? Welche könnten dies sein? Wäre beispielsweise die Angst vor einer Strafe ein angemessener Grund, die Wahrheit zu verschweigen?
In unserer Diskussion über die Wahrheit schüttelt Simone den Kopf. Sie ist davon überzeugt, daß wir immer die Wahrheit sagen müssen, weil durch falsche Informationen andere Menschen zu Schaden kommen können. Doch während sie diese Worte spricht, tippt sie sich plötzlich an den Kopf. Wie ist das aber, wenn mir jemand die Waffe vor die Nase hält und fragt, wo meine Mutter hingegangen ist? Muß ich dann die Wahrheit sagen? Obwohl sie gerade noch davon überzeugt war, gerät sie plötzlich ins Wanken; sie beginnt zu zweifeln: Wie verhält man sich in sogenannten Notsituationen, in denen das Leben oder die Gesundheit von Leuten bedroht werden? Müssen wir dann auch die Wahrheit sagen?
Janique erinnert sich plötzlich am Schluß unserer Diskussion daran, daß jemand auch aus Versehen die Wahrheit sagen kann – beispielsweise durch einen flüchtigen Blick, wie der Junge Julien in Louis Malles Film „Auf Wiedersehen, Kinder". Julien wollte gar nicht die Wahrheit kundtun, weil sie tödliche Konsequenzen für seinen Freund Jean hatte.

Am Ende unserer Diskussion einigten sich die Kinder dann darauf, daß für sie Wahrheit darin besteht, wenn man eine Sache so erzählt, wie sie gewesen ist. Sie kamen jedoch überein, daß es im Leben auch gefährliche Situationen gibt, die es erfordern, daß man eine als richtig erkannte Sache verschweigt.

Ob nun jedermann mit diesem Gesprächsausgang zufrieden ist, bleibt fraglich. Es gibt sicherlich Menschen, die meinen, daß man ein als richtig erkanntes Prinzip wie *Du sollst immer die Wahrheit sagen* auch in Notsituationen nicht außer Kraft setzen kann. Wir sollten deshalb unsere Kinder darauf hinweisen, daß die in reflexiven Gesprächen gefundenen Problemlösungen nicht als allgemeingültig angesehen werden können. Sie sind das Ergebnis einer bestimmten Diskussionsgemeinschaft und keine für alle Menschen verbindliche Vorschrift. Wir sollten uns bei jedem Gespräch darüber im klaren sein, daß andere Menschen anders argumentieren können; in einem Gespräch lassen sich verschiedene Fäden spinnen. Es kommt immer auf das Strickmuster an.

Im Folgenden gebe ich nun ein Gespräch über die Verschiedenheit des menschlichen Geschmacks wieder, das ich mit der sechsjährigen Natascha P. aus Moskau führte, als sie mit ihren Eltern zu Gast in Hamburg war.

Barbara: Warum siehst du denn immer auf die Chips dort? Möchtest du welche essen?

Natascha: Ich weiß ja gar nicht, wie die schmecken. Schmecken die gut?

Barbara: Ich mag sie überhaupt nicht!

Natascha: Also, dann eß ich sie auch nicht, wenn sie nicht gut schmecken!

Barbara: Freddi findet sie unheimlich gut; er würde sie beutelweise essen, wenn ich ihn nicht davon abhielte.

Natascha (nach einer Weile): Es ist merkwürdig, daß du diese Chips nicht gut findest, während Freddi sie gut findet.

Barbara: Und wieso ist das merkwürdig? Ich verstehe unter gut eben etwas anderes als Freddi.

Natascha: Ich glaube nicht, daß du unter gut etwas anderes verstehst als Freddi. Gut ist doch, wenn man eine Sache mag, wenn einem irgend etwas gefällt, wenn man eine Sache unbedingt haben will. Du findest die Chips nicht gut, weil du einen anderen Geschmack hast als Freddi.

Barbara: Stimmt! Diese Chips sind mir zu süß.

Natascha: Wieso haben die Menschen eigentlich einen unterschiedlichen Geschmack? Dem einen sind die Chips zu süß, dem anderen sind sie zu sauer; wieso eigentlich?

Barbara: Nun stell dir mal vor, wir hätten alle den gleichen Geschmack! Dann würden wir alle Chips mögen. Die wären doch im Nu ausverkauft, und außerdem fände ich das auch langweilig.

Natascha: Langweilig vielleicht, aber doch irgendwie einfacher.

Barbara: Einfacher schon. Dann müßten wir nur die Nahrungsmittel herstellen, die alle Menschen gern haben.

Natascha: Genau! Und nichts bliebe herumliegen und würde weggeschmissen, nur weil es die Menschen nicht gern essen. Aber – du hast recht, das wäre langweilig.

Barbara: Wir müßten nach immer neuen Möglichkeiten suchen, den Geschmack der Leute zu treffen; ich bin eigentlich nicht mehr der Meinung, daß dies langweilig ist.

Natascha: Es wäre zumindest einfacher für die Menschen. Die würden nämlich nicht mehr versuchen, anderen ihren Geschmack aufzuzwingen. Dann müßte ich nicht Fleisch essen, nur weil das meine Eltern wollen. Dann gäbe es auch weniger Streit. Derjenige, der sich die Menschen ausgedacht hat, vor hundert Millionen Jahren, der hat das nicht bedacht. Wir ha-

ben alle eine Nase, Augen und Beine, alles gleich,
nur einen verschiedenen Geschmack.

Barbara: Ich habe aber längere Beine als du.

Natascha: Aber es sind Beine! Und dein Geschmack wäre dann
vielleicht eben größer, aber gleich. Du würdest dann
Chips mögen, wie wir alle, aber der eine eben mehr
und der andere nicht so!

Das Gespräch zwischen Natascha und Barbara – es gehört in die
Kategorie der ästhetischen Fragen (siehe Seite 25) – hat einen
offenen Ausgang. Keiner der Gesprächspartner versuchte, dem
anderen seine Meinung aufzuzwingen, im Gegensatz zu Nataschas Kritik hinsichtlich des Geschmacks. Dies ist ein wichtiger
Gesichtspunkt für ein reflexives Gespräch in der Familie. Auch
wenn Eltern oder Erwachsene Kindern gegenüber in verschiedenen Bereichen des Alltagslebens Autorität ausüben – in
einem reflexiven Gespräch ist sie vorübergehend außer Kraft
gesetzt, weil keiner der Gesprächspartner über die richtige Antwort verfügt.

Anfangs interessiert sich Natascha dafür, warum die Menschen
einen unterschiedlichen Geschmack haben. Sicherlich hätte
sich der griechische Philosoph Demokrit über ihre Ansichten
gefreut. Denn auch er meinte, daß nicht alle Lebewesen die
gleichen Sinnesempfindungen besäßen: „...was uns süß
schmeckt, das schmecke anderen bitter und anderen scharf und
anderen ätzend und anderen zusammenziehend; ebenso sei es
mit den anderen Geschmacksempfindungen"[9]. Nach Demo-
krits Auffassung ist die jeweilige Körperverfassung Ursache des
Sinneseindrucks. Vielleicht hätte ich dies Natascha auf ihre
Frage antworten können (in Russisch allerdings nicht so leicht
zu formulieren für mich). Am Schluß unseres Gesprächs vertritt
Natascha dann die Ansicht, daß sie es eigentlich besser fände,
wenn alle Menschen den gleichen Geschmack hätten. Und sie
gibt einen plausiblen Grund dafür an: Wenn alle Menschen den
gleichen Geschmack hätten, dann könnte niemand versuchen,
dem anderen *den Geschmack vorzuschreiben* – iß Weintrauben, die

schmecken süß. Natascha hat nämlich hinsichtlich der verschiedenen Geschmäcker schlechte Erfahrungen gemacht; deshalb plädiert sie für einen *Einheitsgeschmack*. Sie ist ein sehr ruhiges, friedfertiges Mädchen und möchte, ihrem Naturell entsprechend, möglichst Streit vermeiden. Nataschas Sprung von der Frage, warum die Menschen einen unterschiedlichen Geschmack haben bis zu ihrem Wunsch, sie mögen doch einen einheitlichen Geschmack haben, zeigt, daß in einem reflexiven Gespräch mehrere Gesprächsthemen angesprochen werden können. Manchmal führt ein Argument zu einer neuen Behauptung, die den Gesprächspartnern wichtiger ist. Dies ergibt sich oftmals ganz automatisch. Unser Gespräch klingt ab, ohne daß die Gleichheit des Körperbaus und die Gleichheit des Geschmacks ausdiskutiert wurden.

Wir Erwachsenen können oftmals diese Offenheit eines Gesprächs in wichtigen Fragen nicht ertragen. Wir sollten jedoch vor unseren Kindern nicht verbergen, daß wir zu den Grenzen des menschlichen Wissens stehen. Denn wer kein Geheimnis mehr kennt, wundert sich nicht mehr, und wer sich nicht mehr wundert, stellt auch keine Fragen mehr, und sein Denken erlahmt. Offene Gespräche schlagen neue Funken, an denen sich unser Geist entzünden kann. Und wenn Nataschas Bemerkung, daß die Menschen eigentlich doch gleich sind, nur ihr Geschmack nicht, am Schluß einfach so stehenbleibt, dann wird sie sich mit diesem Problem in einem geeigneten Augenblick wieder beschäftigen. Wichtig ist in diesem Zusammenhang nur, daß wir uns im Alltagsleben mit solchen schwierigen Fragen beschäftigen, die über das Alltägliche, Gegenständliche hinausgehen. Auch wenn wir uns an einem Tag nur fünf Minuten dem unterschiedlichen Geschmack der Menschen zuwenden, die Hauptsache ist, wir tun es.

Nun liegt es vielleicht auf der Hand zu sagen, warum sollten wir uns ausgerechnet mit Kindern über solche erhabenen Themen wie Freiheit, Glück, Wahrheit oder Geschmack unterhalten?

Wäre es nicht sinnvoller, diese Fragen den großen Denkern, den Philosophen, zu überlassen?

Wir können nicht ignorieren, daß uns Kinder solche wichtigen Fragen stellen. Und dies ist eigentlich schon Grund genug, sich mit diesen Fragen eingehend zu beschäftigen. Zusätzlich müssen wir uns aber auch fragen, ob denn das Zeitlose, Ungegenständliche, Erhabene nicht genauso zum Menschen dazugehört wie das Überschaubare und Alltägliche? Warum sollten wir also die ungegenständliche, reflexive Seite unseres Menschseins ausschließlich den großen Denkern überlassen? Sind wir nicht ein zoon logon echon, im Sinne des Aristoteles (siehe auch Seite 132)?

Aber dies ist schon wieder so eine schwierige Frage, die sicherlich unterschiedliche Positionen mit unterschiedlichen Argumentationen hervorruft.

Und wenn Sie sich trotz des Sie erwartenden Labyrinths auf das Wagnis eines reflexiven Gesprächs mit Kindern einlassen wollen, dann könnten die folgenden Gesichtspunkte vielleicht hilfreich sein:

1. Nehmen Sie die Meinung Ihres Kindes in jedem Fall ernst und verwerfen Sie diese nicht als eine Art von Hirngespinst.

2. Versuchen Sie, am Anfang eines reflexiven Gesprächs herauszufinden, was die einzelnen Gesprächspartner unter den wichtigen Begriffen, die das tragende Gerüst einer Frage bilden, verstehen. (Was verstehst du unter gut...)

3. Bemühen Sie sich, diese schwierigen Begriffe zu klären, indem Sie das Bedeutungsfeld eingrenzen: ähnliche Begriffe, entgegengesetzte Begriffe...

4. Achten Sie darauf, daß die Gesprächspartner ihre Behauptungen begründen.

5. Bemühen Sie sich, zwischen guten und weniger guten Gründen zu unterscheiden, indem Sie die genannten Gründe durch

neue Gründe erläutern. Versuchen Sie, Gesetze, Regeln und Daten zur Stützung eines Grundes heranzuziehen.

6. Scheuen Sie sich nicht, eine Frage offenzulassen. Sie bildet oftmals den Anlaß zu einem neuen Gespräch.

7. Verbergen Sie nicht, daß auch das Wissen von uns Erwachsenen begrenzt ist.

8. Denken Sie daran, daß in einem reflexiven Gespräch der Geist in Bewegung bleiben soll. Der gemeinsame Spaß am Herumrätseln, Nachforschen und Abwägen ist entscheidend.

Zusammenfassend können wir sagen, daß sich ein reflexives Gespräch von anderen Gesprächsformen dadurch unterscheidet, daß es sich auf schwierige Fragen bezieht, die sich im Gegensatz zu anderen Fragen nicht mit ja oder nein beantworten lassen. Sie bieten uns verschiedene Deutungsmöglichkeiten an, um die wir uns mit größtmöglicher gedanklicher und sprachlicher Klarheit bemühen müssen. Die Grundlage dieser Klarheit bildet die Auseinandersetzung mit Begriffen, die wir auf ihre möglichen Bedeutungen hin überprüfen. Unsere Meinungen stützen wir dabei durch Gründe, die uns helfen, einen Gedanken in kleinen Schritten zu entwickeln. Einige Schritte können natürlich auch zu Irrwegen führen – das Labyrinth ist unersättlich – wir müssen deshalb verschiedene Denkmöglichkeiten durchspielen, bis wir einen roten Faden gefunden haben.

Ein reflexives Gespräch zeichnet sich vor allem dadurch aus, daß wir versuchen, die herausgefundenen Deutungen und Meinungen in einen größeren Zusammenhang einzuordnen. Wir fragen also nicht nur: Warum bin ich glücklich, sondern überlegen uns auch, unter welchen Bedingungen andere Menschen glücklich sein können oder ob Glück nur eine Eigenschaft von uns Menschen ist oder ob beispielsweise auch Pflanzen und Tiere glücklich sein können?

In einem reflexiven Gespräch befinden sich beide Gesprächspartner im Stande des Nichtwissens, d. h. auch wir Erwachsenen verfügen nicht über fertige und richtige Antworten auf die existentiellen Fragen unserer Kinder. Wir haben deshalb auch keinen zwingenden Grund, uns den Kindern gegenüber überlegen zu fühlen. Das einzige Kriterium, das in diesem Falle gilt, ist die Überzeugungskraft von Argumenten.

Das reflexive Gespräch in der Gruppe

Wer von uns hat nicht schon einmal im Wohnzimmer gesessen und Zeitung gelesen, als plötzlich ein ohrenbetäubendes Geschrei aus dem Kinderzimmer ertönte: Streit. Auch viele Lehrer können ein Lied davon singen. Sie betreten nach der Pause das Klassenzimmer, bemerken, daß irgend etwas vorgefallen ist, und können jedoch nicht den Grund dafür erfahren, weil alle durcheinanderreden. Und wenn sie dann um Ruhe bitten, um den Grund zu erfahren, antworten wieder zehn Kinder auf einmal. Deshalb sollten wir – wenn wir mit Kindern über schwierige Fragen wie Glück oder Gerechtigkeit sprechen wollen – stets darauf achten, daß sie erst einmal zur Ruhe kommen. In der Schule können wir einen Gesprächskreis formieren; zu Hause steht uns eine gemütliche Couch oder eine gepolsterte

Kinderzimmerecke zur Verfügung. Und wenn wir dann herausfinden wollen, ob Blumen glücklich sein können oder ob Robin Hood gerecht handelt, dann sollten wir uns bemühen, egal ob wir nun Begriffe klären oder Gründe prüfen, demjenigen, der spricht, auch zuzuhören.

Die Kinder müssen lernen, und dabei handelt es sich um einen langwierigen Prozeß, daß immer nur einer sprechen kann, während die anderen zuhören, was er sagt. Danach läßt sich erst entscheiden, ob alle damit einverstanden sind oder nicht. Dies ist sowohl eine Frage der Konzentrationsfähigkeit als auch der Übung. Je nach dem Alter der Kinder werden wir vielleicht mit fünf oder zehn Minuten beginnen und diese Zeitdauer, je nach dem Interesse der Gruppe, steigern.

Das Zuhören-lernen läßt sich mit dem Erlernen des Schachspiels vergleichen: am Anfang befaßt sich der Lernende nur mit der Kombination seiner eigenen Züge, während er später auch auf die Spielweise seines Gegners achtet. In einem reflexiven Gespräch wollen die Kinder zuerst auch nur ihre eigene Meinung äußern, ohne die Ansichten der anderen Gesprächspartner zur Kenntnis zu nehmen. Sie müssen sich erst allmählich an das Zuhören gewöhnen. Wir Erwachsenen können ihnen dabei helfen, indem wir sie immer wieder darauf hinweisen: Hör mal bitte zu, was Dennis sagt! Wie findest du denn die Meinung von Yvonne? Hat Janicka eigentlich einen guten Grund genannt oder nicht? (siehe auch Seite 36 ff)

In einem reflexiven Gespräch kommt es auch darauf an, daß die Kinder lernen, einander ausreden zu lassen. Jeder Gesprächspartner muß die Möglichkeit erhalten, in Ruhe seine Gedanken darzulegen. Die anderen dürfen ihn nicht schon nach wenigen Worten unterbrechen, so daß er den Faden verliert. Falls sich jedoch ein Kind irgendwann einmal im Labyrinth der Gesprächsfäden verirren sollte und von einem Gedanken zum anderen springt, so können wir es zum Ausgangspunkt zurückführen, indem wir beispielsweise einwenden: Wollten wir nicht über Robin Hood und die gerechte Verteilung von Reichtum sprechen? Jetzt sind wir nämlich schon beim neuen Auto der

Nachbarn angelangt, das damit eigentlich gar nichts zu tun hat... Und nun sollten wir mal wieder auf unsere Ausgangsfrage zurückkommen: Können Blumen glücklich sein oder nicht?

Es ist auf jeden Fall sehr wichtig, daß jeder Gesprächspartner die Möglichkeit erhält, seine Meinung zu äußern. Die Kinder müssen das Gefühl haben, daß ihre Ansichten ernst genommen werden. Jede Meinung lohnt eine Prüfung. Sie darf nicht von vornherein abgeblockt werden, denn in einem reflexiven Gespräch hat niemand einen Wahrheitsvorsprung in dem Sinne, daß er sagen kann: Ich allein weiß, was richtig ist!

Im Unterschied zu anderen Gesprächsformen sollten Kinder in einem reflexiven Gespräch vor allem lernen, auf Widersprüche in der Argumentation zu achten, sowohl in ihrer eigenen als auch in fremden. Es geht nicht, daß jemand behauptet, Robin Hood handelt ungerecht, weil er den Reichen Sachen wegnimmt und sie an die Armen verteilt. Als Grund für seine Meinung führt er das Recht auf Eigentum an. Wenn er dann jedoch argumentiert: „Aber die Armen müssen ja auch 'was haben", gerät er in einen Widerspruch mit seiner Rechtfertigung, daß jeder das Recht auf sein Eigentum hat.

Wir können nicht behaupten, Pippi Langstrumpf sei dumm, weil sie nicht sieben plus fünf addieren kann, während wir dann hinzufügen: Na ja, aber drei plus zwei kann sie addieren!

Jeder Gesprächspartner muß lernen, ein Argument so zu formulieren, daß es entweder eine Meinung stützt oder verwirft. Ein Argument, das im nächsten Satz mit: „Na ja, es könnte aber auch anders sein", in Zweifel gezogen wird, ist kein gutes Argument. Damit möchte ich allerdings nicht behaupten, daß man eine Ausgangsthese nicht revidieren darf, wenn ein Argument nicht ausreicht, sie zu stützen, oder wenn sie zusammenbricht, weil die anderen überzeugendere Gegenargumente vorbringen. Jeder sollte sich jedoch überlegen, ob seine Gründe ausreichen, eine Behauptung zu stützen oder nicht. Die Gesprächspartner können dabei einander helfen, indem sie sich gegenseitig auf Widersprüche aufmerksam machen.

Obwohl ich schon mehrfach darauf hingewiesen habe, daß reflexive Gespräche einen offenen Ausgang haben, sollte eine Gruppendiskussion mit einem vorläufigen Gesprächsabschluß ausklingen, d. h. ein Gesprächsleiter, der vorher bestimmt wird, (siehe auch Seite 55 ff) faßt am Schluß das Fazit einer Diskussion noch einmal zusammen: Es wurden zwei entgegengesetzte Meinungen über das Ende des Himmels geäußert; wir haben für beide Auffassungen unterschiedliche Gründe gehört und geprüft – keines der Argumente konnte uns überzeugen, deshalb lassen wir die Frage vorerst unbeantwortet.

Dadurch erreichen wir, daß die Teilnehmer – auch wenn sie kein endgültiges Ergebnis erzielten – dennoch einen gewissen Abschluß erhalten, der ihnen bestimmte Teilschritte der Diskussion verdeutlicht. Sie haben dann das Gefühl, ihre geistigen Anstrengungen waren nicht vergebens.

Wir sollten die Kinder auch nicht ermutigen, einen offenen Gesprächsausgang um jeden Preis anzustreben. Sie sollten sich schon bemühen, einen Konsensus zu finden, d. h. sich auf eine Meinung oder eine Argumentation zu einigen. Wenn sie es jedoch nicht schaffen, dann können sie die Diskussion auch vertagen.

Die Stärkung der Konsensusfähigkeit halte ich für eines der wichtigsten Merkmale eines reflexiven Gesprächs, weil sie Kinder anregt, auch in alltäglichen Konfliktsituationen nach einer argumentativen Einigung zu suchen (siehe auch Seite 157): Kannst du nicht zustimmen, daß Robin Hood eine ausgleichende Gerechtigkeit praktiziert, wenn er die Sachen, welche die Reichen den Armen weggenommen haben, wieder an die Armen zurückgibt? Gibt es noch einen besseren Grund für die ausgleichende Gerechtigkeit?

Ein letzter wichtiger Gesichtspunkt eines reflexiven Gesprächs in der Gruppe ist die Gefahr von allzu großen Themensprüngen: Kinder neigen dazu, *Geschichten zu erzählen* (siehe auch Seite 47). Sie kommen durch die Wiedergabe von Erlebnissen, Wünschen und Träumen oftmals schnell vom Thema ab, weil sie plötzlich kein Interesse mehr am ursprünglichen Gesprächsthema haben, oder weil sie ihre eigenen Erlebnisse spannender finden als die Gruppendiskussion. Gegen eigene Erlebnisse oder anschauliche Beispiele läßt sich im Grunde genommen nichts einwenden. Nur wenn sie zu weit von der eigentlichen Fragestellung abweichen, d. h. wenn wir vom Glücklichsein der Blumen plötzlich zu Tante Lolas Schokoladenpudding kommen, wobei dann auch noch Onkel Bernds Marmelade in der Gesprächskette erscheint, dann sollten wir die Kinder zum eigentlichen Gesprächsthema zurückführen: Was hat denn Tante Lolas Schokoladenpudding, der so gut schmeckt, mit unseren Blumen zu tun? Wir wollten doch herausfinden, ob die glücklich sein können!

An einem Gruppengespräch sollten sich möglichst viele Kinder beteiligen, denn der Reiz eines reflexiven Gesprächs liegt vor allem in der Vielfältigkeit der geäußerten Meinungen, wie die beiden folgenden Gesprächsausschnitte über Gerechtigkeit und Glück zeigen werden.

Barbara:	Ich habe heute für euch eine Eistorte gekauft. Habt ihr eine Idee, wie wir sie gerecht teilen können?
Stefan:	Wir sind zehn Leute, also mußt du die Torte in zehn gleich große Stücke teilen.
Barbara:	Soll jeder ein gleich großes Stück erhalten?
Janique:	Na klar, das wäre ja ungerecht, wenn das eine Kind ein großes Stück bekäme und das andere ein kleines.
Barbara:	Ich bin aber kein Kind mehr, ich bin älter als ihr.
Janique:	Ach, deshalb willst du ein größeres Stück?
Barbara:	Immerhin habe ich die Torte auch gekauft.
Sandra:	Und was hat das damit zu tun, daß du ein größeres Stück willst? Schließlich essen wir alle gern Eistorte.
Barbara:	Wie behandelt denn Robin Hood seine Gäste?
Stefan:	Er behandelt sie eigentlich alle gleich.
Chor:	Nein, wieso?
Stefan:	Sie kriegen alle was zu essen, ob arm oder reich.

Janique:	Aber nicht jeder muß bezahlen. Die einen, die Geld bei sich haben, müssen gleich bezahlen, von anderen wird Lösegeld geholt, die Armen müssen gar nicht bezahlen.
Nina:	Die haben ja auch nichts.
Barbara:	Findet ihr das denn gerecht?
Nadine:	Die Reichen haben ja viel Geld, dann können sie bezahlen, während die Armen nichts haben.
Barbara:	Die Reichen haben das Geld ja auch erarbeitet.
Janique:	Das stimmt aber nicht bei Robin Hood. Die haben das Geld nur geerbt.
Sandra:	Außerdem arbeiten die Armen auch. Sie werden bloß von den Soldaten ausgeplündert.
Ole:	Wenn jemand viel Geld hat, dann kann er auch mehr bezahlen. Ich finde das schon gerecht. Robin gibt ja auch etwas dafür, er beraubt sie nicht.
Stefan:	Doch, das machen Robins Leute aber auch.
Sandra:	Nee! Der Robin holt nur das zurück, was die Soldaten den Bauern wegnehmen.
Barbara:	Also, wenn ich an unsere Eistorte denke, dann wolltet ihr doch, daß jeder ein gleich großes Stück bekommt – bei Robin Hood sollen die Reichen bezahlen und die Armen nicht. Dort gibt es keine Gleichheit!
Sandra:	Das ist ja auch etwas anderes. Wenn wir alle gern Eis essen, warum soll dann einer ein größeres Stück bekommen?
Janique:	Bei Robin Hood kriegen ja auch alle etwas zu essen und die, die Geld haben, können das auch bezahlen. Essen müssen alle und zahlen nur die, die Geld haben.
Nina:	Robin ist gerecht. Er sorgt dafür, daß alle etwas zu essen haben.
Barbara:	Nehmen wir einmal an, Simone arbeitet in den Ferien bei der Großmutter und verdient 50 DM. Ihr Bruder Stefan kann noch nicht auf dem Feld helfen, und deshalb bekommt er auch kein Geld. Als er sich

	zusammen mit Simone ein teures Boot wünscht, soll Simone von ihrem erarbeiteten Geld 25 DM abgeben, und Stefan 10 DM von seinen Ersparnissen. Ist das gerecht?
Sandra:	Ich finde das nicht gerecht! Warum soll Simone mehr abgeben? Sie hat gearbeitet, der Bruder hat gespielt.
Janique:	Ja, aber der Bruder kann noch nicht arbeiten, weil er zu klein ist. Deshalb kann er auch kein Geld verdienen und muß nicht so viel abgeben.
Barbara:	Und das findest du gerecht?
Janique:	Ja, es ist so wie bei Robin Hood. Wer etwas hat, muß etwas abgeben, und wer nichts hat, kann auch nichts abgeben.
Nina:	Ich finde das nicht gerecht, denn wenn der Bruder älter wird, kann er sich ja auch Geld verdienen, und wer weiß, ob er dann auch etwas abgeben muß...
Nadine:	Es kann aber auch der umgekehrte Fall eintreten, daß Simone sich einen tollen Pullover kauft und Stefan keinen bekommt, weil er kein Geld hat. Das gleicht die Sache wieder aus.
Ole:	Wie wird das denn ausgeglichen?
Nadine:	Na ja, einmal zahlt Simone mehr als Stefan, weil sie ja auch mehr Geld hat, und das andere Mal kann sie sich mehr kaufen als Stefan...[10]

Gespräch über das Glück.
Ich hatte den Kindern den Anfang einer Geschichte von Gareth B. Matthews vorgelesen[11]:

„Tante Gerties Blumen sind wieder glücklich", berichtete Freddie.
„Blumen können nicht glücklich sein", sagte Alice in der Ecke finster, über eine Schale Cornflakes gebeugt. „Tante Gertie spricht gern über Blumen, als ob sie Menschen wären. Aber in Wirklichkeit haben sie gar keine Gefühle. Sie können nicht durstig, traurig oder glücklich sein."

„Ist das richtig, Mama?", fragte Freddie enttäuscht. „Du solltest darüber lieber mit deiner Tante Gertie sprechen", sagte die Mutter, „sie weiß viel mehr über Blumen als wir alle zusammen."

Barbara: Tja, was meint ihr denn dazu, können Blumen durstig, glücklich oder traurig sein?

Miriam: Durstig können sie sein, aber nicht traurig, hungrig oder glücklich.

Barbara: Kannst du auch mal sagen, warum du meinst, daß sie nicht traurig oder glücklich sein können?

Miriam: Ja, weil die keine Gefühle haben, so wie wir, also wir merken das ja richtig, also wenn wir traurig sind, weil irgend etwas gestorben ist oder so, oder wenn wir glücklich sind, dann ist vielleicht irgend etwas Tolles in der Schule passiert oder so...

Freddi: Ja, aber wieso sollen Blumen keine Gefühle haben, ich meine, also wenn man die abreißt, ich glaub, das merken die doch auch, also, wenn man jetzt Dennis den Kopf abreißen würde, das merkt er doch auch, wieso sollen das die Blumen denn nicht merken? Wenn man ihnen z. B. den Stengel abreißt, das merken die doch auch, die Blumen.

Barbara: Also, Frederick ist der Meinung, daß die Blumen doch Gefühle haben und daß sie es spüren, wenn man sie abreißt. Was meinst du dazu, Miriam, du hast doch gesagt, sie spüren das nicht?
(Pause)

Barbara: Wie ist das denn mit euch, wollen wir doch mal bei euch bleiben, wann seid ihr denn glücklich?

Miriam: Wenn wir irgend etwas gekriegt haben, das wir uns gewünscht haben, z. B. ein großes Auto, ein Spielzeugauto, über das wir uns freuen.

Edin: Oder wenn wir Geburtstag haben oder wenn Weihnachten ist...

Svenja: Hm, ich bin beim Nikolaus immer so fröhlich, hm, dann krieg ich immer so schöne Sachen...

53

Daniele:	Also, wenn man in den Zoo geht und das wollte man schon immer, dann ist man doch glücklich!
Barbara:	Und wenn ihr glücklich oder fröhlich seid, wie fühlt ihr euch dann? Ihr habt zwar jetzt gesagt, wann ihr glücklich seid, aber wie fühlt ihr euch dann?
Yvonne:	Ich fühl mich richtig gut, weil die Eltern uns das dann gekauft haben, was wir wollten.
Freddi:	Also, wenn ich glücklich bin, dann fühl ich mich nicht krank, dann fühl ich mich nicht schlecht, dann fühl ich mich einfach gut, da tut's nirgends weh, nicht am Arm und nicht am Bein...
Barbara:	Und wenn ihr das jetzt auf die Blume übertragen würdet, wann könnte sich denn die Blume glücklich fühlen, wie wäre das dann?
Dennis:	Wenn sie Wasser kriegt, wenn sie lange in der Sonne bleibt und wenn sie Luft kriegt und so...
Barbara:	Und dann könnte sie sich glücklich fühlen?
Yvonne:	Sie kann sich auch glücklich fühlen, wenn niemand sie abreißt, wenn sie unter Naturschutz steht.
Barbara:	Und woran würdet ihr das erkennen, daß die Blume glücklich ist?
Dennis:	Wenn sie ihre Farbe behält und immer weiter-blüht...
Svenja:	Und wenn sie größer wird...
Barbara:	Und wenn ihr jetzt mal die Blume auf meinem Tisch anschaut, was meint ihr denn, ist die glücklich?
Jan:	Ja!
Barbara:	Kannst du auch noch mal sagen, warum?
Jan:	Weil sie so schön Wasser kriegt!
Edin:	Weil sie so gut aussieht!
Dennis:	Die ist ja aber abgerissen!
Barbara:	Und kann sie nicht glücklich sein, wenn sie abgerissen ist?
Dennis:	Sie hat jetzt gar keine Erde mehr und auch kein Wasser.
Freddi:	Eine Blume, die in der Erde ist, die kann leben, das ist genauso, wenn man einen Mensch jetzt abreißt,

54

	dann kann er auch nicht mehr leben. Also, wenn man die Blume mit der Wurzel ausgraben würde, dann könnte sie im Glas noch weiterleben, aber so nicht, das wird nicht gehen...
Barbara:	Meinst du, daß sie in meiner Vase nicht glücklich ist?
Freddi:	Aber, die hat doch in der Vase kein Gefühl mehr, ich glaub, wenn sie noch leben würde, würde sie bestimmt glücklich sein, aber jetzt ist sie das nicht mehr, jetzt ist sie tot![12]

Die Rolle der Erwachsenen in reflexiven Gesprächen mit Kindern

Wenn wir möchten, daß unsere Kinder über schwierige Themen wie Glück oder Gerechtigkeit weiter nachdenken, dann dürfen wir sie nicht mit ihren Fragen allein lassen. Sie brauchen Anleitung, Anregung und Ermunterung.

Die bekannteste Form der Anregung ist das Geschichten-Vorlesen. Wir sitzen beieinander, erfahren etwas von Atréjus Abenteuern aus der „Unendlichen Geschichte" und sprechen dann darüber. Je mehr wir den Kindern im Kleinkindalter vorlesen, und sind es nur allabendlich zehn Minuten, um so stärker lenken wir ihr Interesse auf verschiedene Bereiche: auf das Alltägliche und auf das Nichtalltägliche, das sich beispielsweise in Märchen (siehe auch Seite 70) präsentiert. Wir fördern dadurch auch das Frageverhalten unserer Kinder, denn sie wollen natürlich wissen, warum Rotkäppchen nicht den Wolf erkennt oder warum denn die „Unendliche Geschichte" unendlich ist. Indem wir unseren Kindern Geschichten und Märchen vorlesen, regen wir sie zum Nachdenken an und geben ihnen den Nährboden für weiterführende, schwierige Fragen. Sie erfahren dadurch, daß sich die Welt nicht nur aus beweisbaren Tatsachen, Fakten und Informationen aufbaut, sondern daß sie auch Rätsel und Geheimnisse birgt, denen wir durch unser Nachdenken, durch unsere Phantasie auf die Spur kommen können. Und wenn wir mit Kindern darüber sprechen, wecken wir auch ihr Interesse für das über die unmittelbare Erfahrung Hinausgehende – das Geheimnisvolle, Transzendente.

Das gemeinsame Nachdenken über schwierige Fragen wie Gott und die Welt zeigt den Kindern auch, daß Begriffe keine feststehenden Gegebenheiten sind, und daß es Spaß bringt, nach Bedeutungen zu suchen, die in ihnen verborgen sind.

Ob wir nun in der Familie oder in einer Gruppe mit Kindern über reflexive Fragen sprechen, wir dürfen auf keinen Fall versuchen, sie zu beeinflussen, indem wir ihnen unsere Meinung als die richtige vorschreiben. Jeder Gesprächsteilnehmer muß das Recht haben, seine Meinung darzulegen – er darf nicht durch die Autorität des Gesprächsleiters unter Druck gesetzt werden. Deshalb sollten sich die Erwachsenen auch darum bemühen, die Meinungen der Kinder nicht mit richtig oder falsch und gut oder schlecht zu bewerten, weil diese Einschätzungen den Prozeß des gemeinsamen Nachdenkens hemmen. Außerdem sind bei schwierigen Fragen mehrere begründete Positionen möglich – wir können nicht mit Sicherheit darüber entscheiden, ob der Himmel ein Ende hat oder nicht, ob Blumen glücklich sein können oder ob ein Hundeleben genauso viel wert ist wie ein Menschenleben.

Wir können uns als Erwachsene ein wenig unserer Autorität entziehen, wenn wir uns in einem reflexiven Gespräch lediglich als Organisatoren des Verständigungsprozesses verstehen. Dies erreichen wir, indem wir durch gezieltes Nachfragen, Zusammenfassen von Positionen, Aufforderungen und veranschaulichende Beispiele die Kinder anregen, nach eigenen Lösungsvorschlägen für schwierige Fragen zu suchen. So lassen sich beispielsweise schwierige Begriffe besser klären, wenn wir die Gesprächspartner durch gezielte Fragen zum Spinnen von Begriffsfäden anregen:

1. Was verstehst du... unter dem Wort Zeit? Gehört die Uhr auch zur Zeit dazu? Kann man Zeit anfassen, sehen, hören?

Meinst du, daß Sandra dasselbe unter dem Begriff Zeit versteht wie du?

2. Kannst du ein anderes Wort für... Zeit finden?

3. Nenne bitte einmal Situationen, in denen du erlebt hast, daß die Zeit eine wichtige Rolle spielt!

4. Kennst du ein Wort, welches das Gegenteil von dem Wort Zeit ausdrückt?

5. Kennst du Worte, die mit dem Wort... Zeit zu tun haben?

6. Erinnerst du dich an eine Geschichte, in der die Zeit eine wichtige Rolle spielte? Welche Funktion hatte darin die Zeit?

7. Vielleicht kannst du ja auch das Wort... Zeit zeichnen? Ist das möglich?

Ein Erwachsener wird in Gesprächen mit Kindern oft mit der Schwierigkeit konfrontiert, daß er über ein größeres begriffliches Repertoire verfügt und bestimmte Fremdwörter und Fachtermini verinnerlicht hat, die er dann *gewohnheitsmäßig* in die Diskussion einbringt. Die Kinder können mit solchen Begriffen oftmals nichts anfangen, wobei sie dies nicht immer artikulieren. Wir sollten uns deshalb durch häufiges Nachfragen vergewissern, ob sie mit unserer Wortwahl zurechtkommen oder nicht. Wörter mit einem hohen Abstraktionsgrad, wie z. B. Universum, Widerspruch, Natur sollten wir in der Regel immer durch Beispiele veranschaulichen.

Nun passiert es häufig, daß Kinder (und auch Erwachsene) in einem reflexiven Gespräch Behauptungen aufstellen, die sie nicht durch Gründe stützen, manchmal aus Vergeßlichkeit, manchmal aus Unvermögen oder auch einfach nur, weil sie keine Lust dazu haben. Damit aber alle Gesprächspartner nachvollziehen können, warum jemand gerade diese (und keine andere Meinung) vertritt, können wir gezielt die Fähigkeit des Begründens entwickeln, indem wir nach Argumenten und Rechtfertigungen fragen:

1. Warum meinst du, daß... ein Menschenleben mehr wert ist als ein Hundeleben?

2. Kannst du begründen, warum... man Tiere nicht töten soll?

3. Welche Gründe gibt es denn noch dafür,... Tiere nicht zu töten?

4. Habt ihr wirklich alle Gründe genannt, die dafür sprechen,... Tiere nicht zu töten?

5. Welcher der genannten Gründe überzeugt euch am meisten?

6. Wie können wir denn herausfinden, ob dies ein guter Grund ist? Könnt ihr ein Gesetz nennen oder eine allgemeine Regel oder eine Textstelle, die uns helfen herauszufinden, ob dies ein guter Grund ist?

7. Ihr meint, die Frau sollte den Hund opfern, um ihren Mann zu retten, obwohl ihr doch gesagt habt, daß ein Hundeleben genauso viel wert ist wie ein Menschenleben. Ist das nicht ein Widerspruch?

Diese oder ähnliche Fragen regen in einem reflexiven Gespräch dazu an, eine Meinung ausführlich, verständlich und begründet darzulegen. Der Gesprächsleiter sollte darauf achten, die verschiedenen Denk- und Gesprächsstile der Teilnehmer zu koordinieren, d. h. er sollte zwischen Schnelldenkern und Bedächtigen, Ruhigen und Temperamentvollen, verbal Starken und verbal Zurückhaltenden vermitteln, indem er auch ruhige Kinder auffordert, sich zu äußern, Sprachgewandte etwas bremst und Kinder, die lieber zeichnen, ihre Ansichten bildnerisch ausdrücken läßt (siehe auch Seite 98).

Wenn in einem reflexiven Gespräch in der Gruppe mehrere Personen beteiligt sein sollten, dann fällt dem Gesprächsleiter die Aufgabe zu, die Erwachsenen zu bremsen, die oftmals unbeabsichtigt die Gesprächsfäden an sich reißen und die Kinder *unter den Tisch reden*.

Wenn Kinder schon eine gewisse Erfahrung in reflexiven Gesprächen besitzen, kann der Gesprächsleiter versuchen, seine strukturierende Tätigkeit zurückzunehmen; es bleibt dann den Kindern weitgehend selbst überlassen, welche Gesprächsfäden sie spinnen wollen und welche nicht, oder wer reden soll und wer lieber schweigt. Auf jeden Fall sollte ein Gesprächsleiter die Kinder immer wieder anregen, auch auf Textstellen aus Geschichten und Märchen zurückzugreifen, um ihre Meinungen durch Gründe zu stützen. Sie lernen dadurch frühzeitig, Meinungen durch Sachargumente zu stützen und nicht einfach *nur so ins Blaue* zu reden. Die Kinder verstehen dann vielleicht besser, daß es zwar Spaß bringt, Geschichten zu hören, daß man jedoch aus den Geschichten auch etwas lernen kann, und handelt es sich dabei auch nur um einen guten Grund, mit dem jemand seine eigenen Handlungen zu rechtfertigen vermag, ohne daß ein anderer mit erhobenem Zeigefinger fragt: Und was will der Autor damit sagen?

Wenn sich die Kinder daran gewöhnen, irgend etwas Faszinierendes aus der Geschichte für sich herauszunehmen, dann erinnern sie sich vielleicht auf dem Schulhof daran: Wie war das denn in der Geschichte, als Peter den Wolf fangen wollte? Vielleicht gelingt es mir ja auch, eine List anzuwenden, um einer drohenden Schlägerei mit anderen zu entgehen (siehe auch Seite 148)?

Der Gesprächsleiter kann die Bereitschaft der Kinder, sich auf eine Geschichte zu berufen, fördern, indem er die Gesprächsteilnehmer immer wieder auf Textstellen hinweist und sie mit ihnen ausführlich bespricht. Die Kinder entwickeln dann allmählich die Fähigkeit, selbst wichtige Dinge aus einer Geschichte als Stütze für ihre Meinungen herauszusuchen.

Andere Formen reflexiven Nachdenkens

Geschichtenausdenken

Während wir in einem Gespräch versuchen, Informationen weiterzugeben, Gefühle zu beschreiben, ein bestimmtes Ziel durchzusetzen oder schwierige Fragen zu klären, stehen in einer Geschichte Ereignisse, Handlungen und Erlebnisse im Vordergrund. Sie werden von einem Autor künstlerisch gestaltet und mehr oder weniger einer bestimmten Absicht untergeordnet. Sie wollen belehren oder aufklären, Mitgefühl hervorrufen, unsere Phantasie anregen oder auch einfach nur unterhalten. Und weil in Geschichten so viel passiert, Wundersames und Wirklichkeitsnahes, Gutes und Böses, Gerechtes und Ungerechtes, sind sie auch eine wichtige Quelle für das Entstehen von Fragen: Wieso sagt denn keiner dem Kaiser, daß er gar nichts an hat? Warum lügen denn die Leute alle? Dürfen wir überhaupt lügen? Was ist eine Lüge? -Und ehe wir uns versehen, sind wir schon wieder bei den reflexiven Fragen angelangt. Ich werde im folgenden darlegen, welche Rolle Geschichten bei der Klärung reflexiver Fragen spielen; ästhetisch-künstlerische und sprachliche Gesichtspunkte lasse ich dabei außer acht.

Geschichten regen uns ebenso wie reflexive Gespräche zu intensivem Zuhören an – ich muß erst einmal hinhören und mitkriegen, was passiert, ehe ich dazu etwas sagen kann. Dadurch entwickelt sich auch die Fähigkeit, wichtige Gedanken von unwichtigen zu unterscheiden und sich auf das Wesen einer Sache zu konzentrieren: Was hat die Mutter zu Rotkäppchen gesagt, bevor es in den Wald ging? An welcher Stelle des Betts taucht der Gevatter Tod immer wieder auf? Was rät die alte Morla Atréju?

Geschichten sind auch eine der wichtigsten Quellen für Fragen unserer Kinder, die sich auf abstrakte Probleme ethischer, metaphysischer und anthropologischer Prägung beziehen (siehe auch Seite 23 ff). Oft handeln Personen gerecht oder ungerecht, gut oder böse und geben uns Anlaß, über diese Begriffe nachzu-denken. Sie können dann beim Vorlesen einer Geschichte ent-weder unterbrechen, um mit Ihrem Kind sofort über schwierige Begriffe zu sprechen oder am Schluß diesen oder jenen Gedan-ken als Erinnerung wieder aufgreifen. Wofür Sie sich entschei-den, bleibt Ihren Vorlesegewohnheiten überlassen und hängt von der Geduld oder Ungeduld Ihres Kindes ab. Sie sollten sich nach seinen Wünschen richten.

Geschichten bieten den Vorteil, daß sie uns in anschaulicher Form bei der Klärung abstrakter Begriffe helfen. Sie erzählen nämlich nicht nur, daß ein Mensch böse oder dumm ist, sondern konkretisieren diese Bosheit oder Dummheit auch, d. h. sie be-schreiben, warum und wie jemand böse oder dumm ist: „In al-ten Zeiten lebte ein König, dem fehlte es an Weisheit und Ver-stand. Einmal ließ er seine Boten kommen und befahl ihnen: Geht hin und verkündet allenthalben, daß die Söhne ihre alten Väter in den Wald bringen und sie dort sich selbst überlassen sollen, denn so wird man im Land eine große Menge Brot ein-sparen..."[13].

Geschichten geben uns jedoch nicht nur Gesprächsimpulse, sie tragen ihrerseits auch zur Klärung von Begriffen bei. Oftmals fällt es uns schwer, aus dem Hut heraus zu sagen, wann wir glücklich sind und wann nicht. Wir können dann auf das Grimmsche Märchen „Hans im Glück" zurückgreifen oder auf das litauische Märchen „Das Glück der Armen", wie auch auf den Stier Ferdinand aus Munroe Leafs gleichnamiger Erzäh-lung. Sie erleichtern uns den Bezug zum eigenen Glücklichsein und geben Anstöße, uns auf Situationen zu besinnen, in denen wir uns wohl fühlten, in denen wir glücklich waren. So berich-tet uns beispielsweise „Ferdinand der Stier", daß er am liebsten auf der Wiese unter der Korkeiche sitzt und im Schatten des Baumes an den Blumen riecht. Wenn er ruhig dasitzen kann und den Duft der Blumen spürt, dann fühlt er sich glücklich. Und wenn wir dann auch noch von Hans oder Jannis erfahren, wann sie sich wohl fühlen, dann können wir die Beispiele des Glücklichseins vergleichen und versuchen, eine allgemeine Regel zu finden, die uns sagt, unter welchen Bedingungen Menschen glücklich sein können.

Dennoch wäre es unangemessen, Geschichten lediglich als Instrumentarien zur Begriffsklärung heranzuziehen. Sie sind auch ein Medium, in dem sich Antworten auf reflexive Fragen artikulieren lassen. Wir können natürlich nicht erwarten, daß sechs- bis achtjährige Kinder spontan eine Geschichte schreiben, in der sie anhand einer fiktiven Begebenheit oder eines Dialogs die Frage klären, ob der Himmel nun ein Ende hat oder nicht. Vielleicht sind einige Kinder ohne längere Übung dazu in der Lage. Wir sollten gemeinsam die Fähigkeit des Geschichtenausdenkens kultivieren, weil wir in einer Geschichte – vielleicht mehr als in einem Gespräch – unsere Phantasie spielen lassen können.

Die erste Möglichkeit, sich intensiver mit Geschichten auseinanderzusetzen, bevor wir uns selbst welche ausdenken, ist die Suche nach einer neuen Überschrift für eine altbekannte Erzählung. Wenn wir gemeinsam mit unseren Kindern überlegen, welche andere Überschrift eine Geschichte bekommen könnte, schärfen wir unseren Blick für das Wesentliche, Umfassende, Ganze: Was war mir wichtig an der Geschichte? Was sagt sie mir?

So lassen sich beispielsweise für Michael Endes „Momo" folgende neue Überschriften finden, die gleichzeitig das Typische an der Geschichte zum Ausdruck bringen: (Ausschnitt aus unserer Diskussion über Zeit)

Ein kleines Mädchen will den Menschen die Zeit zurückbringen
Die gestohlene Zeit
Der Kampf gegen die grauen Männer
Ohne Zeit gibt es kein Glücklichsein
Momo jagt die grauen Männer

Die Suche nach neuen Überschriften ähnelt dem Nachdenken über Begriffe. Wir müssen überlegen, was wichtig und wesentlich ist, d. h. welche Überschrift eine Sache genau trifft und welche nicht.

Sie können beim Vorlesen der Geschichte auch den Schluß weglassen und Ihr Kind fragen, wie denn die Erzählung ausgehen könnte: Was wird Atréju unternehmen, um Phantasien vor dem Untergang zu retten? Wird Ferdinand der Stier, der eigentlich die Blumen und die Einsamkeit liebt, nun doch in Madrid in den Stierkampf ziehen? Was würdest du an Ferdinands Stelle tun? Wird sich Frederick aus der Geschichte „Fredericks Traum" nun doch in einen Bären verwandeln?

Wenn wir beim Vorlesen an wichtigen Stellen eine kleine Pause einlegen, so regen wir die Kinder an, eigene Gedanken zu entwickeln. Sie denken darüber nach, was an dieser oder jener Stelle passieren könnte, wie einzelne Personen handeln würden und vor allem auch, warum sie so handeln. Außerdem bringen sie eigene Erfahrungen ein, denn sie überlegen auch, was sie machen würden.

Eine zweite, weitaus schwierigere Möglichkeit, den aktiven Umgang mit Geschichten zu fördern, ist das Umarbeiten von Handlungsabläufen, Charakteren oder des Schlusses. Was wäre passiert, wenn Rotkäppchen auf ihre Mutter gehört hätte und nicht vom Weg abgekommen wäre? Wie geht die Geschichte dann deiner Meinung nach aus? Was hättest du an Rotkäppchens Stelle getan, wenn du erkannt hättest, daß anstelle der Großmutter der böse Wolf im Bett liegt? Wie würde die Geschichte ausgehen, wenn der Wolf kein böser Wolf, sondern ein guter Wolf wäre?

Die Kinder müssen sich dann überlegen, welche Eigenschaften ein böser Wolf und welche Eigenschaften ein guter Wolf hat. Sie üben sich darüber hinaus im sicheren Gebrauch von Begriffen wie gut und böse, gerecht und ungerecht, häßlich und schön etc., wobei Geschichten im Gegensatz zu Gesprächen immer die Möglichkeit bieten, sinnlich-konkret mit abstrakten Begriffen umzugehen.

Es lassen sich auch innerhalb einer Geschichte Personen austauschen, d.h. wir können einige hinzufügen oder auch weglassen: Anstelle des Wolfes trifft Rotkäppchen beispielsweise auf einen Frosch oder einen Riesen; was passiert dann? Viel-

leicht könnte ja auch Bastian, der die „Unendliche Geschichte"
liest, plötzlich auf dem Dachboden der Schule vom Hausmei-
ster entdeckt werden? Und was wäre, wenn Ronja, die Räuber-
tochter, und ihr Gefährte Birk unterwegs einen Jungen von
einer anderen Räuberbande träfen? Die schöpferische Umarbeitung von Geschichten erleichtert
den Kindern, eigene Ideen zu entwickeln, nach Handlungsal-
ternativen zu suchen und den Umgang mit Begriffen wie gut
und böse, tapfer und feige, überlegt und unüberlegt zu üben.

Die erste Möglichkeit, eine eigene Geschichte zu schreiben,
stellt die in der Grundschule praktizierte Form des Wortgerü-
stes dar. Die Lehrer oder die Eltern nennen drei oder mehrere
Wörter, die den Kindern helfen, eine eigene Geschichte in die
Welt zu setzten, also beispielsweise:

Frederick	Geldbörse	verschwinden
Prinz	Frosch	Prinzessin

Um die Kinder zu einer genauen Charakteristik abstrakter Begriffe anzuregen, könnte dieses Wortgerüst durch den Zusatz
von Wörtern wie gerecht/ungerecht etc. erweitert werden:

Böser Frederick	Geldbörse	verschwinden
Prinz	böser Frosch	gute Prinzessin
Ungerechter König	Strafe	Bauern

Der Zusatz von Wie-Wörtern erfordert von den Kindern, sich
genau zu überlegen, welche Eigenschaft ein böser Frosch oder
eine gute Prinzessin hat. Sie üben sich dadurch im Gebrauch
von schwierigen Begriffen.
Die Kinder können durch das Geschichtenausdenken auch die
Fähigkeit des Begründens üben, indem wir sie mit einer Kon-
fliktsituation konfrontieren, die gelöst werden soll: So hat beispielsweise ein Eichhörnchen einen großen Korb mit Nüssen
gesammelt. Es will jedoch seinen beiden hungrigen Nachbarn,

die keine Nüsse gefunden haben, nichts abgeben, weil es Angst hat, im Winter selbst hungern zu müssen. Wie können die beiden hungrigen Nachbarn das Eichhörnchen überzeugen, ihnen etwas abzugeben? Das Problem läßt sich auf verschiedene Art und Weise lösen: Es bietet sich zum einen die Form des Gesprächs an, d. h. die beiden hungrigen Nachbarn müssen mit dem Eichhörnchen reden und ihm erklären und begründen, warum es von den Nüssen abgeben soll, so wie es Jenny (9 Jahre) in ihrer Geschichte schreibt:

Nachbar:	Du solltest dir überlegen, was geschehen könnte, wenn wir z. B. einen großen Korb mit Nüssen hätten und wir dir keine Nüsse abgegeben hätten. Dann könntest du den Winter auch nicht überstehen!
Eichhörnchen:	Ich habe aber nun mal genug Nüsse gefunden!
Nachbar:	Gib uns doch wenigstens eine Nuß, wir geben dir auch eine Nuß, wenn du mal keine hast. Wir verhungern, wenn du uns keine Nuß gibst und dann hast du keine Freunde mehr. Dann bist du ganz allein.
Eichhörnchen:	Und wenn ihr dann Nüsse gefunden habt?
Nachbar:	Und wenn wir Nüsse gefunden haben, dann legen wir die Nüsse zusammen und dann hast du auch welche.

Es besteht natürlich auch die Möglichkeit, das Eichhörnchen ohne Worte zu überzeugen, d. h. es muß etwas Wichtiges passieren, das den hungrigen Nachbarn hilft, einige von den Nüssen abzubekommen:

Die Nachbarn nehmen einen Korb und versuchen, Nüsse zu sammeln. Sie bieten dem Eichhörnchen außerdem an, sein Haus sauber zu machen. (Britta, 9 Jahre)

Sie schleichen sich in das Haus des Eichhörnchens und nehmen einfach ein paar Nüsse, ohne daß das Eichhörnchen etwas davon merkt. Dann essen sie die Nüsse schnell auf, damit sie nicht verhungern. Das Eichhörnchen weiß dann nicht, daß sie die Nüsse gegessen haben. (Björn, 9 Jahre)

Später können die Kinder dann auch kleine Geschichten schreiben, in denen sie von Anfang an die Aufgabe erhalten, schwierige Begriffe zu klären, z. B.: Ein Lehrer kommt mit einer Tüte Kandisbonbons in die Klasse und fragt seine Schüler, wie er diese gerecht verteilen könne. Die Kinder meinen, daß Gerechtigkeit eine gleiche Behandlung aller Schüler erfordere. Der Lehrer wird mitten in der Diskussion ans Telefon gerufen. Als er zurückkommt, sieht er, wie seine Schüler um die Kandisbonbons kämpfen. Einige halten große Mengen von Kandisbonbons in den Händen, andere weniger. Der Lehrer sagt zu ihnen: „So, jeder von euch muß mir jetzt ein Kandisbonbon geben, damit Gerechtigkeit herrscht!"

Die Kinder werden durch diese kurze Situationsbeschreibung angeregt, darüber nachzudenken, was sie unter Gerechtigkeit verstehen und wie der Lehrer eine (andere) gerechte Entscheidung herbeiführen könnte.

Die wichtigste Form des Geschichtenausdenkens im Hinblick auf das Lösen reflexiver Fragen ist das schriftliche Streitgespräch. In ihm entwickeln die Kinder einen Dialog zwischen zwei oder mehreren Gesprächspartnern, in dem sie schwierige Fragen, wie z. B. „Hat der Himmel ein Ende?" – zur Diskussion stellen, wobei das Gespräch einen offenen Ausgang hat. Es handelt sich bei einem Streitgespräch um die Darstellung konträrer Positionen (siehe auch Seite 23) in Form einer fiktiven Darstellung, einer Erzählung, eines Märchens oder eines Traumes, die auch phantastischen Charakter annehmen können: So läßt sich beispielsweise eine fiktive Begegnung eines Mädchens oder Jungen mit einem Astronomen der Vergangenheit, sei es nun Kopernikus oder Galilei, arrangieren, in derem Verlauf die Frage diskutiert wird, ob der Himmel – das Weltall – ein Ende hat oder nicht. Es stünde dann Meinung gegen Meinung, wobei die endgültige Lösung offenbleibt.

Eltern und Kinder können natürlich ein solches Streitgespräch auch gemeinsam schreiben, wobei dann einer die Position vertritt, daß der Himmel ein Ende hat, und der andere die entgegengesetzte Auffassung. Es bereitet Kindern nach meiner Erfahrung großen Spaß, ein solches Streitgespräch mosaikartig aufzubauen: der eine schreibt einen Teil und der andere fügt ein neues Argument hinzu. Dieses wird wiederum durch ein neues verworfen, bis der andere wieder einen anderen Gesichtspunkt anführt. Irgendwann erlahmt dann die Argumentierfreudigkeit und die Kette der guten Gründe bricht ab. Wir befinden uns dann in einer Aporie, d. h. unser Gespräch hat einen offenen Ausgang; wir konnten uns nicht einigen.

Der folgende Dialog entstand als eine Art Kombination von einer kleinen Geschichte mit offenem Ausgang und einem anschließenden kurzen Gespräch darüber:

Hier zuerst die Geschichte:

Oliver bekommt jeden Monat 8 DM Taschengeld. Gleich am ersten jedes Monats wartet er immer ungeduldig auf die Markstücke, denn er darf mit seinem Geld machen, was er will. Er hat sich ein großes Sparschwein angelegt, in das er oftmals einzelne Markstücke hineinwirft, um sich davon *ein richtig großes Geschenk* zu kaufen.

Eines Tages, als seine Mutter gerade Geschirr spült, hört sie merkwürdige Geräusche auf dem Flur. Es klingt, als ob Oliver mit einer Spielzeugpistole herumschießt. Die Mutter läuft hinaus, um nachzusehen. Da hält ihr Oliver auch schon seine neue Pistole vor die Nase. „Hab' ich mir von meinem Taschengeld gekauft, Mama", ruft er fröhlich und ballert wieder durch die Gegend...

Barbara: Und was meint ihr, sagt die Mutter jetzt zu ihrem Sohn?

Sascha: Ich will nicht, daß du mit der Pistole spielst!

Barbara: Und warum, meinst du, sagt sie das?

Sascha: Weil das meine Mutter so sagen würde...

Barbara: Und warum soll Oliver denn nicht mit der Pistole spielen?

Freddi: Damit er sich nicht das Kriegspielen angewöhnt.

Barbara: Kann sich denn jemand vorstellen, daß die Mutter gar nichts sagen würde?

Svenja: Nee, die Erwachsenen woll'n das alle nicht so gern, mit den Pistolen...

Fortsetzung der Geschichte

„Leg sofort die Pistole weg, Oliver!" ruft die Mutter wütend. „Ich will nicht, daß du damit herumspielst. Bring sie zurück!" „Aber wieso denn?" ruft Oliver entsetzt. „Du hast doch gesagt, daß ich mit meinem Taschengeld machen kann, was ich will! Und da hab' ich mir eben diese Pistole gekauft..."

Barbara: Olivers Mutter sagte, daß er mit seinem Taschengeld machen kann, was er will, aber eine Pistole darf er sich nicht davon kaufen!

Sascha: Ich darf das auch nicht...

Jenny: Meine Mutter würde sagen, wenn ich mir schon eine Pistole kaufe, dann soll ich wenigstens nicht vor ihren Augen damit herumballern. Ich müßte dann damit auf die Straße gehen.

Barbara: Ob nun auf der Straße oder in der Wohnung, bleibt sich das nicht gleich?

Tanja: Aber vielleicht will die Mutter nicht, daß die Nachbarn etwas davon merken?

Nadine: Nein, die Mutter will nichts davon wissen, weil ihr das nicht paßt, mit der Pistole...

Sascha: Aber Kriegspielen ist Kriegspielen, ob nun draußen oder drinnen... Ich hätte an Olivers Stelle die Pistole heimlich gekauft.

Miriam: Ich finde das nicht richtig von der Mutter, daß sie erst sagt, er darf mit seinem Taschengeld machen, was er will, und dann darf er sich keine Pistole kaufen...

Yvonne: Die Mutter hätte das vorher sagen müssen, daß er sich keine Pistole kaufen darf...

Yvonne: Aber was nützt denn das, dann kann er sich ja 'n Säbel oder 'n Schwert kaufen!

Freddi:	Na, sie müßte das für alles Kriegsspielzeug sagen...
Barbara:	Und warum will die Mutter wohl nicht, daß Oliver mit Kriegsspielzeug spielt?
Freddi:	Na, weil sich Kinder dann das Kriegspielen angewöhnen!
Barbara:	Und was ist daran nicht gut?
	(Schweigen)
Lehrerin:	Was macht man denn mit einer Pistole?
Daniele:	Indianer und Cowboy spielen...
Freddi:	Wir spielen dann Feind gegen Feind...
Barbara:	Und wie geht das vor sich?
Freddi:	Wir richten die Pistole auf andere, wir tun so, als ob wir schießen... ja töten, und das ist ja was Böses... einen Menschen zu töten...
Nadine:	Ja, aber wenn die Mutter sagt, wir dürfen mit unserem Taschengeld nicht machen, was wir wollen, dann könnten wir unseren Eltern ja auch sagen, daß sie mit ihrem Geld nicht machen können, was sie wollen?
Svenja:	Dann würde ich meiner Mutter verbieten, Spinat zu kaufen... Der schmeckt gar nicht gut!
Chor:	Ih!
Freddi:	Aber Spinat ist ja was zum Essen und Trinken, kein Kriegsspielzeug!
Sascha:	Das ist was zum Töten... Aber irgendwie machen Spielpistolen trotzdem Spaß. Man kann damit ja auch nur in die Luft schießen... Pistolen sind eigentlich gut zum Herumtoben...
Freddi:	Ja, und wenn man sich keine Pistole kaufen darf, dann kann man ja auch einen Stock nehmen und so tun als wär's eine Pistole. Das geht ja auch, das hat meine Schwester mal gemacht, als sie noch kleiner war. Kriegspielen geht nicht nur mit 'ner Pistole!

Märchen

Nicht nur von Zeit und Ort binden uns wahre Märchen los,
sondern von der Sterblichkeit selbst. Wir sind durch sie
im Reiche der Geister.

J. G. Herder

Wenn ich ein Märchen höre, wird's immer ganz unheim-
lich. Die vielen Hexen, Prinzen und Feen bringen mich in
Fahrt!

Svenja, 9 Jahre

„Vom Himmel hoch da komm' ich her, und bring' euch eine
frohe Mär" sangen die Leute noch zu Luthers Zeiten. Eine
Märe, oder wie es im Althochdeutschen auch heißt: eine mari,
ist ein Wort, das wir heute kaum noch gebrauchen. Es bedeutet
soviel wie Botschaft oder Erzählung – etwas, das nicht schrift-
lich überliefert wurde, sondern lediglich von Mund zu Mund
ging. Der französische Ausdruck für Märchen ist z. B. *conte* von
raconter (erzählen), und das russische Wort *skazka* stammt von
rasskazat'(erzählen). Die Verkleinerungsform Mär-chen drückt
vermutlich aus, daß es sich um eine kurze Geschichte oder auch
um eine Geschichte für Kinder handelt.
Es ist jedoch nicht nur die lebendige Erzähltradition, die über
Jahrhunderte hinweg eine Begeisterung für Märchen erweckte.
Ihr Reiz besteht vor allem im Hang zum Wundersamen, Phantastischen, Rätselhaften, Transzendenten oder, um mit Svenjas
Worten zu reden, zum Unheimlichen, der uns stets aufs neue
fesselt. Wir fühlen uns, wie Herder sagt, ins *Reich der Geister*
versetzt. Da tauchen plötzlich Siebenmeilenstiefel auf, die im
Nu weite Entfernungen überwinden. Wir erfahren etwas von
fliegenden Teppichen, die durch die Lüfte wirbeln, oder von
gelben Elefanten und sprechenden Fröschen, die sich ineinan-
der und auseinander verwandeln. Es ist aber auch von Menschen die Rede, die bis ans Ende der Welt blicken können oder
von Zauberern und anderen Ungeheuern, die durch einen einzigen Blitz Meere austrocknen oder Wüsten zu bewässern ver-

mögen. Elfen, Nixen, Könige und Hexen lassen das Unmögliche in unserer Phantasie möglich werden und führen uns somit über das Alltägliche hinaus.

Der amerikanische Psychoanalytiker Bruno Bettelheim sieht die besondere Attraktivität von Märchen darin, daß sie Kinder in Spannung versetzen, ihre Neugier wecken und natürlich auch unterhaltend wirken. Sie helfen ihnen, sowohl ihre Emotionen zu verfeinern als auch ihre kognitiven Fähigkeiten zu entwikkeln. „Das Märchen unterhält das Kind, klärt es über sein Inneres auf und fördert seine Persönlichkeitsentwicklung. Es vermittelt Sinn auf so vielen verschiedenen Ebenen und bereichert das Leben des Kindes auf so vielfältige Weise"[14].

Im Hinblick auf die Beschäftigung mit reflexiven Fragen interessiert uns vor allem, wie universelle menschliche Probleme, d. h. Widersprüche im Leben der Menschen in der Form von Gut und Böse, Gerecht und Ungerecht, Dummheit und Klugheit im Märchen wiedergegeben werden. Wir wenden unsere Aufmerksamkeit auch der Darstellung der Grenzen menschlicher Existenz wie beispielsweise Tod oder Sehnsucht nach dem ewigen Leben oder der metaphysischen Dimension des Märchens zu, die uns vor allem anhand von transzendenten überzeitlichen Mächten offenbar wird.

Schon kleine Kinder machen die Erfahrung, daß die Welt in Gegensätze gespalten ist. Sie erwachen am Morgen, wenn es hell wird. Und abends, beim Anbruch der Dunkelheit, gehen sie schlafen. Hell und dunkel gehören also zum Tagesrhythmus; sie begrenzen den Tagesablauf des Kindes. Genauso verhält es sich mit den Gegensätzen warm und kalt – im Sommer genießen wir die Wärme und im Winter frieren wir vor Kälte. Wenn wir den Wasserhahn aufdrehen, fließt entweder warmes Wasser heraus oder auch kaltes, je nachdem, welchen Knopf wir aufdrehen. Wie sagte doch der Philosoph Heraklit einst: „Das Kalte wird warm, Warmes kalt, Feuchtes trocken, Trockenes feucht. Ein und dasselbe offenbart sich in den Dingen als Lebendiges und Totes, Waches und Schlafendes, Junges und Altes"[15].

Die Kinder erleben solche Gegensätze nicht nur in der Natur, sondern auch in der sie umgebenden sozialen Wirklichkeit. So werden sie mit Leben und Tod konfrontiert oder mit Bewegung und Ruhe. Und wenn sie sich und andere genauer beobachten, dann merken sie, daß selbst wir Menschen in Gegensätze gespalten sind. Wir empfinden Lust und Unlust, d. h. einmal gehen wir gern zum Gitarrenunterricht und ein anderes Mal nicht. Manchmal sind wir böse und ärgern unsere Spielkameraden, indem wir ihnen sogar eine Ohrfeige verpassen, während wir ihnen am nächsten Tag gleich wieder um den Hals fallen. Liebe und Haß gehören genauso zum Alltag wie Essen und Schlafen, d. h. sie sind Grundformen menschlicher Existenz. Und dennoch haben wir Schwierigkeiten, mit Widersprüchen wie gut und böse, Endlichkeit oder Unendlichkeit des Weltalls umzugehen, obwohl uns doch eigentlich die antinomische Struktur der Welt und des Menschen vertraut sein müßte. Vielleicht schärfen wir unsere Sinne und unseren Verstand nicht ausreichend, um für derartige Widersprüche sensibel genug zu sein.

Märchen zeigen auf einfache und eindrucksvolle Art und Weise Gegensätze in unserem Leben. Sie führen uns mit Leichtigkeit den Übergang von einem Zustand in den anderen vor. So wird der Däumling zum Riesen oder der Arme zum Reichen. Dadurch erkennen wir, daß Eigenschaften wie gut und böse keine unveränderlichen feststehenden Kategorien sind, unter die sich Menschen und Dinge bedenkenlos subsumieren lassen. Ein Zwerg kann heute böse und morgen gut sein – es kommt immer auf die Situation an, in der sich jemand befindet. In diesem Sinne machen es Märchen unseren Kindern nicht immer leicht, zwischen gut und böse oder gerecht und ungerecht zu unterscheiden. Denn ihre symboltragenden Helden wie Räuber, Elfen, Hexen, Prinzessinnen oder Könige sind in der einen Geschichte Vertreter des Bösen und in der anderen Repräsentanten des Guten. Sie schärfen damit den Blick unserer Kinder für das alltägliche Leben, das nicht nur aus liebevollen Eltern und goldenen Apfelbäumen besteht, sondern auch aus Strafe, Angst und bösen Menschen.

Märchen konfrontieren Kinder – wie kein anderes literarisches Genre – mit der antinomischen Struktur unseres Daseins und regen sie an, sich damit auseinanderzusetzen. Denn was nützt es einem Kind, wenn es nur das Gute kennenlernt und dann, wie Schneewittchen den vergifteten Apfel der Stiefmutter, vom guten Onkel ein Bonbon bekommt, damit es mit ihm in eine dunkle Ecke geht?

Märchen betreiben jedoch keine Schwarz-Weiß-Malerei. So sind beispielsweise die Zwerge in „Schneewittchen" die Vertreter des Guten, indem sie Schneewittchen helfen und sie vor der bösen Stiefmutter warnen. Demgegenüber muß der Königssohn in „Schneeweißchen und Rosenrot" den bösen Zwerg erst besiegen, um sein Bärenfell abzuwerfen, damit er Schneeweißchen in sein Königreich heimführen kann. Der böse Zwerg hatte ihn in einen Bären verwandelt. Die Kinder können sich somit nicht darauf verlassen, daß Zwerge immer ein und dieselbe Rolle spielen. Es ist deshalb wichtig, genau hinzuhören, um dies herauszufinden.

Manchmal ist es auch schwierig zu entdecken, ob jemand gut oder böse handelt, denn die Motive stechen nicht immer sofort ins Auge. So erfahren wir zwar, daß die Räuber in dem Märchen „Der Teufel mit den drei goldenen Haaren" den Todesbrief des Königs abfangen, wir wissen jedoch nicht, warum sie es tun: Wollten sie dem Jungen helfen, weil sie gute Räuber sind, oder wollten sie nur dem mächtigen König schaden, wobei der Junge lediglich Mittel zum Zweck ist? Das Märchen gibt uns keinen Aufschluß darüber – wir müssen selbst eine Entscheidung treffen. In diesem Zusammenhang ist natürlich auch die Frage interessant, ob Räuber überhaupt Vertreter des Guten sein können? Handelt jemand, der anderen etwas wegnimmt, unter bestimmtem Umständen gut oder ist das Rauben unter allen Umständen etwas Böses? Wie verhält es sich beispielsweise mit Robin Hood? Ist er auch ein Räuber? (Siehe hierzu auch das Gespräch auf Seite 50).

Märchen schildern jedoch nicht nur gute und böse Taten, sie zeigen auch mit aller Deutlichkeit den Widerspruch zwischen gut und böse als Grundform menschlicher Existenz überhaupt. So kämpft der Vater in „Hänsel und Gretel" mit dem Guten und Bösen in seiner Seele. Einerseits liebt er seine Kinder und will sie nicht im Wald allein lassen, weil die wilden Tiere sie fressen könnten, andererseits bringt er sie dann aber doch in den Wald, weil er dem Drängen seiner Frau nachgibt. Ist er deshalb ein böser Mensch? Immerhin ist die Familie so arm, daß sie die Kinder nicht ernähren kann.

„Hänsel und Gretel" und auch das weniger bekannte Märchen „Die Kristallkugel" versuchen, das Tabu der liebenden Eltern etwas aufzubrechen. Sie offenbaren uns, daß Mütter auch böse sein können. Die eine wird durch die Armut getrieben und die andere hat Angst, ihre Macht zu verlieren. Deshalb verwandelt sie ihre Söhne in Tiere. Wir alle kennen das umgangssprachliche Wort Rabeneltern. Es handelt sich dabei um Eltern, die wie in dem Märchen „Die weiße Schlange" ihre Kinder aus den verschiedensten Gründen aussetzen. Und dies passiert auch in unserer Wirklichkeit. Vielleicht regen Märchen dazu an, über die Ursachen dieses Verhaltens nachzudenken: Warum verlassen Eltern ihre Kinder? Warum sind manche Eltern nicht lieb zu ihren Kindern? Ist Armut ein guter Grund, Kinder wegzugeben? Gibt es Menschen, die Kinder mehr lieben als ihre leiblichen Eltern? Müssen Eltern ihre Kinder immer auf die gleiche Art und Weise lieben?

Der Übergang vom Bösen zum Guten vollzieht sich im Märchen im Gegensatz zum wirklichen Leben oftmals in Sekundenschnelle. So wirft die böse Tochter des Königs in dem Märchen „Der Froschkönig" den Frosch, der ihr geholfen hat, die goldene Kugel aus dem Brunnen zu holen, mit aller Wucht gegen die Wand. Der Frosch verwandelt sich daraufhin in einen Königssohn, und aus der bösen, verärgerten Prinzessin wird eine freudige Gemahlin. Kann sich ein Mensch so schnell ändern? Trägt oft der Zufall – etwas, das wir nicht beabsichtigt haben, dazu bei, unser Verhalten zu ändern?

Andere Charakteristika unseres Lebens sind Habsucht und Bescheidenheit. So verschont der alte Fischer in dem Märchen

„Vom Fischer und seiner Frau" den blauen Butt, den verwünschten Königssohn, und kehrt mit leeren Händen heim zu seiner Frau. Dafür darf er sich etwas wünschen. Er wünscht sich auf Drängen seiner Alten erst eine neue Hütte, dann ein Schloß, dann die Königs- und Kaiserkrone, den Papstthron und schließlich das Reich Gottes. Der Mann ist der Habsucht seiner Frau nicht gewachsen und befolgt ihre ständig steigenden materiellen Ansprüche. Das Reich Gottes übersteigt jedoch das Menschenmögliche und so wird am Schluß der Geschichte der alte Zustand wiederhergestellt, in dem die beiden Alten in ihrer bescheidenen Hütte glücklich und zufrieden leben. Der Drang nach materiellen Gütern führt nicht zur Zufriedenheit – derjenige, der viel hat, möchte immer noch mehr haben. Das Reich Gottes übertrifft jedoch die Endlichkeit und Begrenztheit unseres Daseins. Den Wunsch, Herrscher über die Unendlichkeit zu sein, kann selbst das wundersame Fischlein nicht erfüllen. Der russische Dichter Alexander Puschkin hat in seiner Versform dieses Märchens noch deutlicher gezeigt, wie der Drang nach materiellem Reichtum alle anderen menschlichen Werte wie Liebe und Ehrlichkeit verkümmern läßt. Je mehr die Alte an materiellen Gütern bekommt, um so brutaler behandelt sie ihren eigenen Mann und alle Untergebenen. „Das kann auch bei uns Kindern vorkommen", meint der achtjährige Frederick, „je mehr Spielsachen wir haben, um so schwerer fällt es uns, mit etwas zu spielen."
Das Gegenteil von Habsucht, dem übermäßigen Drang nach materiellen Dingen, ist die Bescheidenheit. Das Sternentalermädchen verschenkt im Vertrauen auf Gott alle ihre Kleidungsstücke an die Armen – ebenso wie Martin, der Schuster, aus dem gleichnamigen Märchen von Lev Tolstoj. „Wenn man immer noch mehr haben will, so hat man am Ende gar nichts mehr", sagte die neunjährige Miriam. „Schlösser machen nicht glücklich", ergänzt Björn. „Der Fischer und die Fischerin waren nicht mehr lieb zueinander. Und am Ende hatten sie dann gar nichts mehr!" Sascha legt den Finger an die Stirn und überlegt: „Der Mensch kann nicht wie Gott werden, der alles macht, die Pflanzen, die Tiere und den Menschen. Und vielleicht waren die Kinder früher auch glücklicher, als es noch kein Fernsehen gab."

Eine andere Art von Habsucht zeigt die Mutter in „Rapunzel".
Ihre Sucht nach immer mehr Rapunzeln wird ihr letztendlich
zum Verhängnis. Sie muß der Fee, die ihre Sucht befriedigt, ihr
Kind überlassen. Ihr fehlt das richtige Augenmaß. Und wer
von uns hat nicht schon einmal den Drang verspürt, eine Tafel
Schokolade in Windeseile aufzuessen oder eine Tüte Gummi-
bärchen in kurzer Zeit zu verschlingen. Der Drang, immer
mehr zu haben, beschränkt sich nicht nur auf materielle
Dinge.
Auch Faulheit und Fleiß gehören zu den wichtigen menschlichen Problemen. Sie sind den Kindern noch vertrauter als
beispielsweise Habsucht und Bescheidenheit, denn sie hören
wohl öfter einmal: „Du hast heute nicht den Mülleimer hinun-
tergebracht" oder „Wenn du etwas fleißiger gewesen wärst,
dann hättest du keine Drei geschrieben!" – „Ohne Fleiß kein
Preis".
Die böse Stiefmutter aus „Frau Holle" betrachtet ihre Töchter
mit zweierlei Maß. Die leibliche Tochter ist häßlich und faul,
während die angenommene schön und fleißig ist. Die eine muß
arbeiten, die andere nicht.
Das Märchen vermeidet es jedoch, die Faulheit als etwas ausschließlich Negatives darzustellen. Es gibt uns eine differen-
zierte Charakteristik. Die Faule ist nicht etwa jemand, der sich
ausschließlich durch Nichtstun auszeichnet. Die Pechmarie arbeitet nur im Hinblick auf den Nutzen; sie liebt das Bequeme
und spart Kraft, wo sie nur kann. Sie geht den Weg des gerings-
ten Widerstandes und tut nur das, was ihr nützt. Ein bißchen
von ihr steckt wohl in allen Menschen, denn viele unserer Tätigkeiten orientieren sich am Prinzip der Nützlichkeit. So stößt die
Pechmarie ihre Hand in die Dornenhecke, damit sie ganz
schnell blutig wird. Sie möchte ohne große Umwege sofort zu
Frau Holle gelangen. Deshalb wirft sie auch die Spule in den
Brunnen; sie entgleitet ihr nicht, wie dies bei der Goldmarie der
Fall war.
Als die Pechmarie in Frau Holles Reich angekommen ist, läßt sie
den Backofen links liegen. Sie ist nicht hungrig und demzufolge
benötigt sie auch kein Brot. Sie verfolgt nur das eine Ziel – und

hier haben wir eine Parallele zur Habsucht – die Suche nach Gold. Wer von uns findet sich nicht, mehr oder weniger, in der Pechmarie wieder? Wir üben, weil wir morgen eine Diktat schreiben; wir rechnen, weil dies als Hausaufgabe aufgegeben wurde. Wozu sollen wir acht Sätze schreiben, wenn nur fünf gefordert werden? Die Pechmarie ist also keineswegs die Untätige. Sie mißt jedoch alle ihre Handlungen am Maßstab der Nützlichkeit: Tu nur das, was dir Vergnügen bringt und vermeide alles Überflüssige. Sie handelt egoistisch, denn sie möchte reich werden, und dafür ist ihr jedes Mittel recht. Die Goldmarie handelt demgegenüber, ohne daß sie davon in erster Linie einen direkten Nutzen ableitet. Sie nimmt das Brot aus dem Backofen, weil es sie darum bittet; sie schüttelt die Bäume, weil sie geschüttelt werden möchten. Sie ist fleißig und empfindet Freude an der Arbeit, am Tätigsein, ohne immer ein Ziel vor Augen zu haben.

Aber nicht jeder, der arbeitet und emsig hin und herläuft, ist fleißig. Es gibt auch Menschen, die andere Faulenzer nennen, nur weil sie bedächtig und überlegt handeln. Zu jenen gehört „Meister Pfriem". Er glaubt, alles besser zu wissen und besser zu können als andere. Und da er immer in Hektik und Eile ist, vernichtet er die Arbeit anderer, indem er beispielsweise so heftig mit den Armen rudert, daß er einem Mädchen den Eimer aus der Hand schlägt und überall, wo er dazwischengeht, Schaden anrichtet. Die Bedeutung des Wortes Fleiß ist also nicht wie bei der Goldmarie uneigennützige Tätigkeit, sondern sinnvolle und überlegte Tätigkeit.

Auch das Begriffspaar klug und dumm hat in einigen Märchen verschiedene Bedeutungen. Wir gehen im Alltagsleben davon aus, daß ein kluger Mensch gebildet ist, viel weiß, interessante Gedanken äußert und sich im Leben gut zurechtfindet. „Die kluge Else" erfüllt diese Bedingungen nicht. Ihre Klugheit ist soweit von der Wirklichkeit entfernt, daß sie zum Hindernis wird. Es drängt sich sogar der Vergleich zu Heraklit auf, von dem der Philosoph Platon in seinem Dialog „Theitet" berichtet. Heraklit ist derart in die Beobachtung des Sternenhimmels vertieft – er schwebt in höheren Sphären, so daß er das praktische Hindernis vor seinen Augen nicht sieht und in den Brunnen fällt. Auch Else *hat Zwirn im Kopf.* Man erzählt von ihr, sie sähe den Wind auf den Gassen laufen und höre die Fliegen husten. Und sie macht sich Gedanken, daß ihrem Kind, das sie später einmal mit dem Hans haben wird, die Kreuzstange im Keller auf den Kopf fallen könnte. Leider ist sie nicht in der Lage, die Gedanken aus ihrem Kopf in die Tat umzusetzen und die Hacke aus dem Weg zu räumen. Else eignet sich zwar Wissen an. Es trägt jedoch dazu bei, daß das Leben für sie zu einer Last wird. Sie weint darüber, daß ihr Kind durch eine Kreuzhacke sterben könnte.

Elses Klugheit hält sie auch von der Arbeit auf dem Feld ab. Sie ißt lieber ihren mitgebrachten Brei und legt sich ins Korn schlafen, anstelle zu arbeiten. Als Hans entdeckt, daß er *die Katze im Sack* geheiratet hat – eine Frau, deren Klugheit zur Untätigkeit führt, da wickelt er die schlafende Else in Vogelgarn ein. Der Zwirn, den sie im Kopf hat, wird ihr buchstäblich zum Verhängnis. Sie weiß nämlich, als sie erwacht, nicht mehr, ob sie Else oder eine andere Person ist. Und als sie nach Hause kommt und den Hans vor der verschlossenen Tür danach fragt, ob denn die Else drinnen im Haus sei, bejaht er ohne Zögern diese Frage. „Ach Gott, dann bin ich's nicht", antwortet sie und eilt davon. Und sie wurde nimmermehr gesehen.

Wenn Klugheit zu einer übersteigerten Eigenschaft wird, dann schlägt sie ins Gegenteil um und macht uns blind. Nicht zu Unrecht sagt der Volksmund, daß einige Menschen von einem Extrem ins andere fallen.

„Die kluge Else" führt uns wie kein anderes Märchen vor Augen, daß wir Menschen durch Gegensätze geprägt werden. Eine starke seelische Entwicklung nach einer Seite hin, fördert ein Umschlagen in die entgegengesetzte. Wir alle haben es schon einmal erlebt, daß wir tief traurig waren und plötzlich zu lachen anfingen. Else ist übersteigert klug und somit zu dumm, um zu sehen, daß sie nur in Vogelgarn gewickelt worden ist. Der Philosoph Friedrich Nietzsche schrieb dazu: „Unsere Einsicht ist die, ... daß mit jedem Wachstum des Menschen auch seine Ichseite wachsen muß, daß der höchste Mensch, gesetzt, daß ein solcher Begriff erlaubt ist, der Mensch wäre, welcher den Gegencharakter des Daseins am stärksten darstellte"[16]. Im Märchen wird die Klugheit häufig auch als List dargestellt, als Fähigkeit, andere Menschen an der Nase herumzuführen, um für sich selbst Vorteile herauszuschlagen. So ißt die „Kluge Grete" aus purer List die Hähnchen auf, die sie für ihren Herrn zubereitet hat, der auf einen Gast wartet. Als dieser plötzlich eintrifft, sagt sie ihm, er solle sofort wieder verschwinden, weil der Herr ihm die Ohren abschneiden wolle. Der Gast ergreift panikartig die Flucht, und die kluge Grete erklärt ihrem Herrn, der Gast habe das Hühnchen gestohlen. Gretes Klugheit entpuppt sich als eine List. Sie kommt aus ihrer selbstverschuldeten Lage heraus, weil der Herr nicht an ihrer Aussage zweifelt; er schenkt ihren Worten ohne eingehende Prüfung Glauben. Grete setzt eigentlich nur auf die Dummheit ihres Herrn, der nicht darüber nachdenkt, ob Gretes Schilderung der Wahrheit entspricht oder nicht. Er lädt einen Gast ein – einen Menschen, den er gern mag, mit dem er gern einen Abend verbringen möchte. Warum sollte dieser plötzlich ein Dieb sein?

„Die kluge Grete" bietet einen guten Gesprächsanlaß, gemeinsam mit Kindern die Ursachen für das Gelingen einer List aufzudecken. Denn diejenigen, die überlistet werden, sind meistens gutgläubig und nicht sehr nachdenklich. So ergeht es auch dem Hasen aus dem Märchen „Der Hase und der Igel". Der Hase vertraut ohne seinen Verstand zu benutzen den Worten des Igels „Ich bin schon da". Hätte er jedoch darüber nachgedacht, daß ein Igel gar nicht so schnell kriechen kann, so wäre er auf dessen List nicht hereingefallen. Vertrauen ist zwar eine lobenswerte menschliche Tugend, sie bewahrt uns jedoch nicht vor dem eigenen Nachdenken.

Viele Menschen meinen übrigens, daß Klugheit stets mit Güte einhergehen muß. Sie gehen davon aus, daß jemand, der viel weiß, sein Wissen auch notwendigerweise zum Guten anwendet, d. h. er handelt gut und versucht nicht, andere zu schädigen. Der Philosoph Platon hat in seinem berühmten Höhlengleichnis[17] sehr eindrucksvoll beschrieben, daß ein Philosoph erst einen mühevollen Weg durch das Labyrinth des Wissens zurücklegen muß, um die Idee des Guten zu schauen, die sein Handeln leitet. Nach der Ideenschau steigt er dann nach Platons Auffassung wieder hinab, um die in der Höhle Verbliebenen zur Idee des Guten hinaufzuführen.

Das Märchen „Rotkäppchen" zeigt uns jedoch, daß Klugheit nicht immer mit dem Guten einhergehen muß. Der böse Wolf lockt Rotkäppchen mit schönen Worten immer tiefer in den Wald hinein. Er hat sich überlegt, erst einmal in aller Ruhe die Großmutter zu fressen, bevor er dann – ebenfalls in aller Ruhe – Rotkäppchen verschlingen will.

Auch die Stiefmutter aus „Schneewittchen" handelt durchaus klug, wenn auch böse. Sie wendet allerlei Verkleidungskünste an, um Schneewittchen zu überlisten. Spätestens nach dem ersten Mordversuch mit dem Gürtel hätte Schneewittchen eigentlich mißtrauisch werden müssen. Den ganzen Tag lang kommt kein Mensch in den Wald und dann taucht plötzlich wieder eine Frau auf, die etwas verkaufen will. Schneewittchen vertraut blindlings der alten Frau. Dieses blinde Vertrauen wurde auch einigen Kindern im Alltagsleben schon zum Verhängnis, denen ein „lieber Onkel" ein Bonbon anbot. Sie folgten ihm bedenkenlos und wurden Opfer von Straftaten. Märchen schlagen durch die Darstellung von Widersprüchen im Menschen wie auch in der Wirklichkeit immer wieder eine Brücke zum alltäglichen Geschehen, wo nicht nur das Gute existiert, sondern auch das Böse. Die Klugen verlassen sich auf die Dummheit der anderen, auf ihre Unwissenheit und Gedankenlosigkeit. Und wie verhält es sich mit den Dummen?

Ich möchte an dieser Stelle noch hinzufügen, daß Klugheit natürlich auch mit Herzlichkeit einhergehen kann, wie z. B. das russische Märchen „Das kluge Mädchen" erzählt. Das kluge Mädchen setzt auf seinen Verstand, um einem elternlosen Jungen zu helfen.

Klugheit ist im Märchen jedoch meistens mit dem Bösen verbunden, während sich die Dummheit mit dem Herzen paart – mit menschlichem Mitgefühl. So gewinnt der Dummling in der „Goldenen Gans" am Ende die Königstochter ohne List und ohne besondere Tugenden. Er beachtet unterwegs – im Gegensatz zu seinen hochmütigen Brüdern – das alte graue Männlein am Wegesrand und erfüllt seine Bitte nach einem Imbiß. Das Männlein bedankt sich bei ihm und hebt die charakteristische Eigenschaft des Dummlings hervor, indem es sagt: „Weil du ein gutes Herz hast und von dem Deinigen gerne teilst, so will ich dir dein Glück bescheren. Dort steht ein alter Baum, den hau ab, so wirst du in den Wurzeln etwas finden"[18]. Das Männlein belohnt das gute Herz des Dummlings. Worin besteht eigentlich seine Dummheit? Wer ist überhaupt ein dummer Mensch? Einer, der wenig weiß, und einen begrenzten Wissensstand hat? Oder jemand, der wenig nachdenkt und sich betrügen läßt, wie der Herr aus der „Klugen Grete" oder gar Schneewittchen? Vielleicht einer, der tolpatschig ist wie der Dummling? Oder gar ein Mensch, der nicht lesen und schreiben kann?

Der Begriff der Dummheit ist wie andere Begriffe sehr vielschichtig. Wir müssen erst einmal herausfinden, was wir darunter verstehen, ehe wir eine Person als dumm oder klug bezeichnen können. Denn im Gegensatz zur „Klugen Else", die zwar nachdenkt, aber leeres Stroh drischt, kann der Dummling die Axt führen, denn er muß den Baum umhauen, unter dem sich die Gans verbirgt. Er versteht also sein Handwerk – und sei es auch nur dieses eine. Der Dummling findet sich im Unterschied zu Else im Leben zurecht. Ist er dennoch dumm?
Er wird von seiner Familie als dumm angesehen, weil er ein gutes Herz hat und mit anderen das, was er besitzt, teilt. Außerdem zeigt er auch Mitleid mit anderen – eine Eigenschaft, die seiner Familie nicht gefällt. Wie oft wird jemand im Alltagsleben als dumm bezeichnet, weil er bedingungslos jemandem geholfen hat und vielleicht dadurch Nachteile erfuhr. So gibt jemand sein letztes Brot weg und muß dann selbst hungern. Ein anderer spendet Geld, ohne einen persönlichen Nutzen davon

zu haben; diese Beispielkette ließe sich endlos weiterführen. Der Dummling wird als dumm eingeschätzt, obwohl er am Schluß des Märchens die Königswürde erhält. Eine Umkehrung der Begriffe? Dies müssen die Kinder selbst entscheiden, indem sie sich Gedanken darüber machen, wann jemand als dumm gilt und wann als klug.

Wenn wir Kindern Märchen vorlesen, sollten wir vielleicht noch einmal nachfragen, ob denn der Dummling wirklich dumm ist und inwiefern sich die Else durch Klugheit auszeichnet. Bei Schneewittchen wird die Entscheidung schon schwieriger. Sie ist schön und hat ein gutes Herz, aber ist sie auch klug? Die Märchen geben uns verschiedene Deutungsmöglichkeiten für Begriffspaare wie gut und böse, schön und häßlich, dumm und klug. So kann ein kluger Held durchaus mit dem Bösen einhergehen, während ein Dummer (vorausgesetzt, wir bleiben bei dieser Bezeichnung) ein herzensguter Mensch sein kann wie z. B. der Dummling. Wenn wir herausfinden wollen, wie unsere Kinder dazu stehen, so sollten wir gemeinsam mit ihnen die Bedeutung von Begriffen aus Märchen *entschlüsseln* oder neu festlegen, z. B.:

Wieso ist... böse?
Woran erkennen wir, daß... böse ist?
Können wir ihm ansehen, daß er böse ist?
Wie müßte... handeln, wenn er gut wäre?

Da die handelnden Personen in der Regel gute oder böse Charaktereigenschaften haben, können wir auch die Eigenschaften einfach vertauschen oder näher analysieren:

Kann ein kluger König auch böse sein?
Kann eine böse Hexe auch gute Taten vollbringen?
Kann ein armer Bauer auch glücklich sein?
Kann ein reicher König unglücklich sein?

Wir haben auch die Möglichkeit, Märchen und Märchenfiguren miteinander zu vergleichen, indem wir beispielsweise an bestimmten Stellen fragen:

Weißt du noch, ob die Zwerge in „Schneewittchen" gut oder böse waren?
Welche Eigenschaften hatte denn die „Kluge Else"?
Verhält sich der Igel im Märchen „Der Hase und der Igel" klug oder nicht?
Ist Schneewittchen klug oder nur schön? Ist es besser, wenn jemand klug oder wenn jemand schön ist?
Wird die Pechmarie wirklich vom Pech verfolgt oder trägt sie ihren Namen zu Unrecht?
Und wie können wir Rotkäppchen einschätzen? Ist sie leichtgläubig, dumm oder einfach nur neugierig?

„Wenn die Neugier nicht wär, müßte ich nicht mehr wandern... Kein Kolumbus führ' mehr von der Küste zur andern...", heißt es so schön in einem bekannten Kinderlied. Die Neugier ist es, die uns Menschen dazu drängt, die Welt entdecken zu wollen und durch das Labyrinth der Irrwege zu schlängeln. Ist sie die positive Antriebskraft in unserem Leben? Hat der kindliche Drang, etwas wissen zu wollen, nur positive oder auch negative Folgen? Regt die im Märchen dargestellte Form der Neugier auch die Neugier der Märchenhörer an?
Dornröschen geht ja bekanntlich im väterlichen Schloß auf Entdeckungsreise. Sie entdeckt die verlassene Kammer und dreht ungeduldig am Schlüssel, bis die Tür aufspringt. Das junge Mädchen sieht die Alte am Spinnrad sitzen und interessiert sich für das, was die Frau tut. Und damit stürzt sie sich – so erzählt uns das Märchen – ins Unglück, wobei die negativen Folgen nur vorübergehend sind. Schließlich wird sie – wie wir alle wissen – nach 100 Jahren vom jungen Königssohn wachgeküßt.
Die neunjährige Tanja meinte dazu, daß Neugier fast immer böse Folgen hätte. Sie habe als kleines Kind auch einmal aus lauter Neugier an den heißen Küchenherd gefaßt, weil sie wissen wollte, wie heiß denn der Kuchen darin sei. Und weil ihr

der Finger danach lange Zeit wehgetan habe, hätte sie dann nie mehr an den Herd gefaßt. Und Frederick erinnerte sich bei unserer Diskussion über „Dornröschen" daran, daß er als Vierjähriger aus dem Bett gefallen sei, weil er sich über das Gitter gelehnt habe, um herauszubekommen, was wohl da unten, im Dunkeln, unter dem Bett sei. Die Beule an seinem Kopf habe ihn dann davon abgehalten, sich noch einmal über das Gitter zu lehnen. Außerdem sei das Gitter von seinem Bett danach entfernt worden. Dennoch, so bemerkt er, und kratzt sich dabei hinterm Ohr, gäbe ihm Dornröschen doch noch einige Rätsel auf. Wieso mußten denn die Leute im Königreich ihre Spindeln alle abgeben, nur die im Königshaus nicht? Für Dennis ist dies eine Frage von Zauberei. „Im Märchen zaubern die doch immer..."

„Und wie kommt die Alte überhaupt in die Kammer?", entgegnet ihm Frederick. Und wieder ruft jemand „Zauberei". Frederick läßt sich jedoch in seinem Fragedrang nicht bremsen. „Und woher wissen wir, daß die Alte überhaupt die besagte *Dreizehnte* ist?"

„Na, jemand anderes hätte doch das arme Dornröschen nicht verzaubert", beendet Nadine unser Gespräch.

So löst Dornröschens Neugier bei den Kindern der Klasse 3a weitere Fragen aus. „Das ist immer so", gesteht Miriam, „denn sonst machen Märchen ja keinen Spaß, wenn man nichts Spannendes mehr durchstöbern kann!"

Auch „Rotkäppchen" gerät durch die Neugier vom Wege ab und auch der Schneider, der sich an der Himmelspforte von Petrus nicht abwimmeln läßt. Die Neugier des Schneiders ist unersättlich. Sie treibt ihn in alle Ecken, er muß sich überall umsehen, wie auch seine Leidensgefährtin Dornröschen.

„So sind wir auch", erklärt Daniele, „wir müssen unsere Nase überall hineinstecken, das ist ja so interessant, wenn man alles anfassen kann!"

Fürwahr, der Schneider kehrt im Himmel das Unterste zuoberst und faßt alles an, ziellos, wahllos, einfach nur so – die Kinder finden sich in seiner Person wieder. Aber des Schneiders Unheil droht. Er wird letztendlich von Gott aus dem Himmel geworfen. Seine Neugier hat negative Folgen; es gibt keine Hinwendung zum Guten.

„Wenn jemand zu neugierig ist, dann ist das auch nicht gut", erklärt Nadine.

„Wieso", entgegnet Svenja, „der Schneider wollte alles wissen, er dachte, daß er Gott wäre, und das ist er nicht. Gott ist zu hoch für die Menschen!"

Während „Der Schneider im Himmel" ein Märchen ist, das vor übertriebener Neugier warnt, so ermuntert die Goldmarie aus „Frau Holle" die Kinder, unentwegt auf Entdeckungsreise zu gehen. Sie ist ein gutes Beispiel für das unersättliche kindliche Staunen; ihr Entdeckungsdrang kennt keine Grenzen. Da steht ein Backofen im Wiesenreich, gefüllt mit Brot. Und das Brot kann sprechen, es ruft nach der Goldmarie. Sie nimmt es heraus und ißt keinen Bissen davon, denn sie ist fasziniert von den vielen Neuheiten im Wiesenreich, über die sie sich wundert.

„Das geht mir auch so, wenn ich in einem fremden Land bin", sagt Jenny, „dann staune ich auch über die Menschen dort, wie die aussehen z. B., also was die für Haare haben und was die essen und wie die wohnen! Das ist sehr spannend, weil man so vieles sehen kann in einem fremden Land." Aber, fügt sie hinzu, „für wen ist denn das Brot gebacken, das die Goldmarie herausnimmt? Für Menschen, für komische Wesen oder für die Goldmarie, nur die weiß es vielleicht nicht, daß es für sie ist?"

Jennys Frage drückt aus, daß Märchen zahlreiche Möglichkeiten bieten, Neugier zu entfalten, weil sie viele Dinge unausgesprochen lassen, die unsere Phantasie anregen. Warum läßt sich Schneewittchen beispielsweise dreimal von der bösen Stiefmutter täuschen? Warum gelingt es dem Wolf, Rotkäppchen vom rechten Weg abzubringen? Warum hatte Rapunzels Mutter so einen Heißhunger auf Rapunzeln – warum konnte sie sich nicht beherrschen? Fragen über Fragen, an denen sich interessante Diskussionen mit Kindern entzünden können.

Ein anderer Themenkreis, der im Märchen angesprochen wird, bezieht sich auf existentielle Erlebnisse oder mit den Worten des

Philosophen Karl Jaspers ausgedrückt, auf „Grenzsituationen menschlichen Daseins". Dies bedeutet, daß sich der Mensch in jedem Augenblick seines physischen und psychischen Daseins mit Ereignissen konfrontiert sieht, denen er nicht entfliehen kann. Der Mensch hat sich diese Ereignisse nicht ausgesucht – sie nehmen keine Rücksicht auf seine Wünsche und Bedürfnisse und bedrängen ihn sogar als etwas Fremdes oder Feindliches. Einige dieser Situationen können wir durch überlegtes Handeln meistern, andere jedoch sind unüberwindbare Schranken unseres Lebens, denen wir nicht entkommen. Dazu gehören der Tod, der Zufall, dem wir ausgeliefert sind, wo immer wir uns bewegen, Leiden und Schmerz und vor allem der Kampf, im Märchen zwischen den Guten und den Bösen. In diesen sogenannten Grenzsituationen werden wir Menschen an die Grenzen unseres Daseins geführt. Wir erfahren die Endlichkeit unserer Existenz als einen harten Einschnitt in unser bisheriges Leben, als eine Beunruhigung[19]. Auch Kinder sind davon betroffen, wenn sie in eine solche Situation gelangen und z. B. den Tod eines geliebten Menschen erleben. Sie entwickeln dann metaphysische Ängste und sehen vielleicht im Tod eine Bedrohung, also etwas, das sie bedrängt und ihnen die Luft zum Atmen nimmt. Warum müssen alle Menschen sterben? – ist eine jener reflexiven Fragen, die Erwachsene schon oft von Kindern gehört haben.

Märchen können dazu beitragen, Kindern verschiedene Dimensionen des Todes nahezubringen bzw. den Tod als eine zu unserem Leben gehörende Grenzsituation darzustellen. Denn eigentlich ist der Tod etwas Unvorstellbares, etwas Undenkbares, etwas Negatives, das uns jedoch immer wieder im täglichen Leben begegnet: Der Hamster stirbt, die Katze wird überfahren, die Großmutter stirbt. Märchen beschreiben uns den Tod u. a. als Schlaf, als Dunkelheit oder auch Bewußtlosigkeit. So fällt Schneewittchen beispielsweise in einen Schlaf, nachdem sie den vergifteten Apfel gegessen hat.
Der Tod tritt in vielen Märchen personifiziert auf, als „Gevatter Tod" oder als „Herr über Geburt und Tod", wie z. B. in einem lappländischen Märchen. Er nimmt hauptsächlich – wie auch in

unserem Leben – zwei sich widersprechende Formen an: er zeigt sich einerseits als natürliches Phänomen unseres Daseins und andererseits als gewaltsame Vernichtung von Leben. Der Tod kommt als gewaltsame Vernichtung eines Menschen durch einen anderen in sehr vielen Märchen vor. Stellvertretend dafür stehen „Schneewittchen" und „Hänsel und Gretel" – hier wird die Hexe einfach in den Backofen geschoben. Oftmals fragen Kinder, wie es denn dazu gekommen ist, daß Menschen andere Menschen und auch Tiere töten. Das Märchen „Das Eisenhaus" schildert ungeschminkt, wie wir Menschen begannen, den Urzustand der Natur zu zerstören, um uns zu bereichern. Da schickt ein König seinen Jäger aus Habsucht in den Wald hinaus, um ein Reh zu schießen. Der König stört somit das unberührte, fast paradiesische Dasein der Natur, in das er den Tod hineintragen läßt. Alle weiteren Jäger, die er nun fortan in den Wald entsendet, verschwinden auf mysteriöse Art und Weise, d. h. der von den Menschen in den Wald hineingetragene Tod erweist sich als eine Katastrophe. Eine unheimliche, zerstörerische Macht nimmt ihren Lauf in fast metaphysischer Dimension. Die Menschen können den Mechanismus, den sie ausgelöst haben, nicht mehr kontrollieren. Sie sind ihm hilflos ausgeliefert. Ein Vergleich zum Abholzen des tropischen Regenwaldes oder den atomaren Vernichtungswaffen drängt sich bei diesem Märchen förmlich auf: Du sollst nicht töten, heißt es in der Bibel. Haben wir Menschen uns jemals bemüht, dieses Gebot einzuhalten?

„Warum will die Stiefmutter Schneewittchen überhaupt töten?" fragt Daniele.

„Na, weil sie böse ist", antwortet Frederick.

„Und warum ist sie böse?" fragt Daniele weiter.

„Sie ist auf Schneewittchens Schönheit neidisch", mischt sich Janique, die ältere Schwester Fredericks, in das Gespräch ein.

„Und wenn jemand neidisch ist, tut er 'was Böses, dann versucht er anderen wehzutun!"

„Und warum versucht man dann, anderen wehzutun? Man braucht ja nicht gleich zu töten!"

„Das ist aber oft im Leben so, daß die Menschen ihre Wut nicht im Griff haben", antwortet Janique und sieht die beiden Jungen prüfend an. „Gerade ihr seid immer so schnell wütend, ihr prügelt doch auch immer gleich los!"
„Wir töten aber nicht, das würden wir nie machen!" Frederick beendet lakonisch die Diskussion über den Zeichentrickfilm „Schneewittchen" und greift nach seiner Wasserpistole.

In dem Märchen „Gevatter Tod" erhalten die Kinder eine positive Beschreibung des Todes. Er tritt als Freund und Taufpate eines Kindes auf, dessen Vater Gott nicht als Taufpaten will, weil er schon 12 Kinder hat und ihm vorwirft: „Du gibst nur den Reichen und läßt die Armen hungern!" Als der Tod sich dann als Taufpate anbietet, stimmt der Vater mit der Begründung zu „...du machst keinen Unterschied und holst die Reichen und die Armen"[20]!
Der Tod trifft alle Menschen gleichermaßen – er begrenzt unser Dasein. Und in der Familie mit den 12 Kindern, deren dreizehntes gerade geboren worden war, ist die Not so groß, daß er zur Realität dieser armen Familie einfach dazugehört. Der Tod ist für sie ein Ausdruck sozialer Gerechtigkeit, die sie in ihrem bisherigen Dasein nicht erlebt hat. Er ist sogar ein Freund, weil er alle Menschen gleich behandelt.

Aber – es gibt auch das alte deutsche Sprichwort „Gegen den Tod ist kein Kraut gewachsen". Und diese Erfahrung macht auch das dreizehnte Kind, dessen Taufpate der Tod wurde, und das sich inzwischen zu einem angesehenen Arzt entwickelt hat. Dieser versucht, den Tod zu überlisten und den kranken König wie auch die schöne Prinzessin herumzudrehen, damit der Tod nicht am Fußende steht und sie in sein ewiges Reich abholen kann. Der Arzt und der Tod hatten nämlich einen Pakt geschlossen: Wenn der Tod am Kopfende steht, kann der Patient durch einen Saft geheilt werden. Befindet er sich jedoch am Fußende, so verlöscht sein Lebenslicht. Der Doktor verkörpert sozusagen den Wunsch vieler Menschen, stärker als der Tod zu sein und ihm zu entrinnen. Dabei verdrängen wir die Tatsache, daß der Tod zu den Grenzsituationen, d. h. den natürlichen Gegebenheiten des menschlichen Lebens gehört. Und wir können durch unsere Überlistungsversuche allerdings auch der Möglichkeit entgehen, uns auf den Tod vorzubereiten. Deshalb warnt der Tod am Ende des Märchens den jungen Arzt, ihn betrügen zu wollen. Das klingt fast wie eine Mahnung in der Art: Nimm mich an, dann hast du auch die Chance, dich mit mir auseinanderzusetzen.

Als ich den Kindern der Klasse 3a dieses Märchen vorlas, waren sie sich am Anfang einig, daß sie den Tod auch überlistet hätten, denn schließlich ist der König eine wichtige Person und der junge Arzt hat die Prinzessin lieb. Und jemanden, den man liebt, versucht man dem Tod zu entreißen. Jenny schlug dann vor, daß der junge Arzt mit dem Gevatter Tod hätte darüber reden sollen. Sascha wollte den Tod einfach einsperren, „aber irgendwann kommt der ja wieder heraus", meinte Nadine, „und was dann?" Frederick unterbreitete daraufhin den Vorschlag, daß der Arzt den König einfach so hinlegen kann, daß der Kopf auf den Füßen liegt, dann wüßte der Tod nicht, was er machen soll. „Und was hat der König davon?" fragte Svenja.

Barbara:	Wie meinst du das?
Svenja:	Ja, der König stirbt ja sowieso irgendwann einmal, und wenn er schwerkrank ist, warum soll er dann am Leben bleiben?
André:	Stellt euch mal vor, es gäbe den Tod gar nicht. Dann wären ja viel zu viel Menschen auf der Welt.
Edin:	Und wir hätten dann auch keine Wiesen und keinen Wald mehr, dann brauchten wir ja viele Häuser.
Svenja:	Und die Tiere hätten auch keinen Platz mehr, den würden wir ihnen wegnehmen ...
Freddi:	Aber wenn's den Tod nicht gäbe, gäb's auch zu viele Tiere ...
Jenny:	Und wo sollten wir dann das Essen hernehmen?
Barbara:	Also war das falsch von dem jungen Arzt, den Tod überlisten zu wollen?

Freddi:	Das ist 'ne schwierige Frage...
André:	Also, wenn man jemanden lieb hat, dann will man nicht, daß der stirbt, da tut man alles, daß er am Leben bleibt. Aber wenn alle am Leben blieben, gäb's zu viele...
Yvonne:	Ich würde auch nicht wollen, daß mein Hamster stirbt, und wenn jemand so ganz krank ist, dann denkt man nicht daran, daß es auf der Welt zu viele geben könnte...
Svenja:	Außerdem hat der junge Arzt die Prinzessin gar nicht richtig liebgehabt; der wollte doch bloß König werden!
Janicka:	Wieso? Woher weißt du das?
Svenja:	Das hat Bárbara doch vorgelesen, er wollte der „Gemahl" werden...
Janicka:	Und er fand die Prinzessin schön!
Barbara:	Heißt das auch, daß er sie liebhat?
Freddi:	Das weiß man nicht so richtig, aber schließlich hat er sein Leben für sie eingesetzt, denn am Schluß verlöscht sein Lebenslicht.
André:	Der Tod ist irgendwie grausam, aber gerecht.
Barbara:	Wieso gerecht?
Sascha:	Na, der macht eben keinen Unterschied zwischen arm und reich, der holt sogar sein Patenkind, den Doktor...
Yvonne:	Und dann kommt wieder ein neues Lebenslicht, dann wird ein Baby geboren...

Auch in dem Märchen „Die Boten des Todes" wird der Tod als eine Naturnotwendigkeit dargestellt. Denn wenn niemand auf der Welt sterben würde, so hatte es auch André in unserer Diskussion formuliert, dann wäre sie mit so vielen Menschen angefüllt, daß wir alle keinen Platz mehr haben würden, nebeneinanderzustehen. „Altes Leben geht – junges Leben kommt", sagt der Volksmund, oder mit Yvonnes Worten ausgedrückt, es wird ein neues Lebenslicht angezündet und ein Baby geboren, d. h. Leben und Tod bilden so etwas wie einen Kreislauf in der Natur.

Schon der griechische Philosoph Empedokles ging davon aus, daß es in der Natur ein Werden und Vergehen gibt, aus dem die Menschen nicht herauskommen. Jedes Erlebnis vergeht, jede Situation verfliegt, Tag und Nacht vergehen, so auch der Mensch. Wir gehören dazu, zu dem großen Kosmos des Entstehens und Versiegens[21].

Der Tod kann auch so etwas wie eine Erlösung von körperlichen und seelischen Leiden bedeuten. „Der arme Junge im Grab" wird von seinen Stiefeltern geschlagen, gepeinigt und schlecht ernährt. Er hat große Angst, daß der Stiefvater ihn totschlagen könnte, weil er mit seiner Arbeit nicht rechtzeitig fertig wird. Versehentlich hat er dabei seinen Rock zerschnitten. Deshalb beschließt er, sich das Leben zu nehmen und sich auf dem Friedhof selbst ein Grab auszusuchen. Die Glut des heißen Weins und der kalte Tau tragen schließlich dazu bei, den gewünschten Tod zu erreichen. Dieses Märchen offenbart Kindern auch die grausamen Seiten des kindlichen Daseins, vor denen wir Erwachsenen nicht die Augen verschließen dürfen. Wie oft lesen und hören wir von Kindesmißhandlungen. Kinder stellen auch dazu viele Fragen, wie z. B.: Warum schlagen Eltern ihre Kinder? Warum sind Eltern manchmal sehr böse? Warum wußte der arme Junge im Grab keinen Ausweg? Was hätte er denn noch tun können? War der Tod die einzig mögliche Lösung? Hatte der Junge denn keine Freunde und Nachbarn, die sein Leid sahen? Was können wir (Eltern und Kinder) tun, wenn wir sehen, daß ein Kind in unserer unmittelbaren Nachbarschaft in Not ist?

In einigen Märchen, vor allem östlichen, existieren auch metaphysische Deutungen des Todes. „Und wenn sie nicht gestorben sind, dann leben sie noch heut'", steht am Ende vieler Geschichten. Dieser Märchenschluß drückt die menschliche Sehnsucht nach dem ewigen Leben aus, nach dem Unvergänglichen, nach den Quellen unseres Ursprungs, denn „das Leben ist für unsere Seele viel zu kurz", meinte schon der deutsche Dichter Johann Wolfgang von Goethe. „Die Menschen erwartet nach ihrem Tode, was sie sich nicht träumen lassen"[22].

So war es z. B. im Mittelalter, aus dem uns viele Märchen überliefert wurden, selbstverständlich, daß der Mensch nach dem Tode ins Fegefeuer kommt und daß er ein ewiges irdisch nicht erfaßbares Leben hat. Man stellte sich vor, daß er nach dem Tode Lohn oder Strafe erhält, und deshalb käme es in seinem diesseitigen Leben darauf an, wie er lebt und wie oft er sündigt. Diese Annahme drückt das bereits in „Gevatter Tod" beschriebene menschliche Bedürfnis aus, den Tod zu überwinden und dem menschlichen Leben einen zeitlosen Sinn zu geben. Die Angst, irgendwann einmal aus dem Universum zu verschwinden, also das Werden und Vergehen auch auf unsere Spezies zu beziehen, sitzt tief in unserer Seele. So teilt uns Gott in dem Märchen „Die Lebenszeit" 70 Jahre zu, mit denen wir Menschen uns jedoch nicht zufrieden geben wollen. Und auch das Märchen „Aschenputtel" führt uns ein Weiterleben nach dem Tode vor Augen. Die Mutter verspricht ihrer Tochter auf dem Sterbebett, nach ihrem Ableben immer bei ihr zu sein und ihr zu helfen. Das Mädchen geht jeden Tag zum Grab der Mutter und hält mit ihr Zwiesprache. Die Mutter behütet ihr Kind mit Hilfe von zwei weißen Täubchen, die sich auf dem von Aschenputtel gepflanzten Baum befinden und ihr zur Seite stehen. Der Baum ist das Symbol für die Verbindung zwischen Mutter und Tochter. Das Metaphysische des Todes äußert sich also darin, daß es eine Beziehung zwischen den Lebenden und den Toten gibt. Sie sind durch eine Art innere Stimme, die in Notsituationen hilft und schützt, miteinander verbunden.

Auch der Kampf gehört zu den existentiellen Grundsituationen unseres Lebens. Schon im Sandkasten vollziehen sich Ring-, Beiß-, und Kratzkämpfe, durch die Kinder ihre Bedürfnisse gegenüber anderen durchsetzen wollen. Sie möchten ein bestimmtes Spielzeug besitzen oder etwas tun, was ihnen die Erwachsenen untersagt haben. Dieser Kampf, der sich bei Kindern als ein Kampf ums Haben ausdrückt – bei uns Erwachsenen in verschiedenen Dimensionen als ein Kampf um die Macht – findet auch im zwischenmenschlichen Bereich statt. So ringen die Kinder um die Liebe der Eltern (das Problem der geschwisterlichen

Rivalität wurde von der psychoanalytischen Literatur ausführlich dargestellt[23]).

Schon der griechische Philosoph Empedokles hatte erkannt, daß Streit und Liebe unser Leben in Bewegung setzen und zur menschlichen Seele dazugehören „...und niemals wird die unendliche Zeit dieser beiden beraubt sein"[24].

Die Märchen zeigen uns auf sehr eindringliche Weise, daß der Kampf in uns, als Widersprüchlichkeit der menschlichen Seele und in unserem sozialen Umfeld zu den Grundformen menschlichen Daseins gehört. So findet in sehr vielen Märchen ein Kampf um die Gunst einer geliebten Person statt: Die böse Stiefmutter kämpft um die Gunst von Schneewittchens Vater. Sie möchte die Schönste im ganzen Land sein, und um dieses Ziel zu erreichen, ist ihr jedes Mittel recht, sogar der Tod. Aschenputtels Stiefgeschwister mögen die Schwester nicht und ringen mit ihr um die Gunst des Königssohns. Der Zauberer Tschernomor und der Recke Ruslan streiten sich in Puschkins Kunstmärchen „Ruslan und Ludmilla" um die Zuneigung der schönen Fürstentochter Ludmilla. Ruslan kämpft außerdem noch mit zwei anderen Recken, die ihm ebenfalls die schöne Ludmilla streitig machen wollen.

Der Kampf findet im Märchen auch zwischen irdischen und nichtirdischen Mächten statt. Tschernomor ist beispielsweise ein übersinnliches Wesen, genauso wie der Gmork, der in Michael Endes „Unendlicher Geschichte" das Nichts repräsentiert, gegen das der Haupteld Atréju kämpft. Durch diese und andere im Märchen dargestellten Kämpfe erfahren Kinder, daß der Kampf in den menschlichen Beziehungen eine wichtige Rolle spielt und daß nicht nur sie selbst kleine Kampfhähne sind. Sie spüren auch etwas von der sozialen Dimension des Kampfes: von dem Drang nach Einfluß über andere Menschen, dem Drang zum Herrschen über andere Menschen, dem Streben nach Mehr-haben-wollen, das wir gewöhnlich auch als Macht bezeichnen. „Jede Stellung, die ich gewinne, drängt einen anderen weg; jeder Erfolg, den ich habe, verkleinert andere. Meine Existenz als solche nimmt anderen weg, wie andere mir wegnehmen"[25].

So läßt der böse König in dem karelischen Märchen „Der Rat des Vaters" die Söhne ihre Väter in den Wald schaffen, um Brot einzusparen. Auch der König in „Rumpelstilzchen" übt seine Herrschaft über andere mit unerbittlicher Härte aus. Die Müllerstochter soll ihm Gold und Reichtum bescheren, in einer einzigen Nacht. Und er droht dem Mädchen sogar mit dem Tod, wenn sie ihm den gewünschten Reichtum, das Mehr, nicht heranschafft. Er sperrt sie eigenhändig ein – sie kann seiner Gewalt nicht entfliehen.

In dem Märchen „Das blaue Licht" kämpft der entlassene Soldat mit dem König, der ihn nach treuen Diensten ohne einen Pfennig entläßt. Aber – wie schon Empedokles befand – am Ende siegt die Liebe über den Streit, d. h. der Gute bezwingt den Bösen. So bekommt der Soldat, nachdem er beinahe am Galgen gelandet wäre, die Königstochter, die er des Nachts von einem Männchen schon immer in sein Bett holen ließ, um den König zu ärgern. Aschenputtel bekommt natürlich auch im Gegensatz zu den rivalisierenden Schwestern ihren Königssohn und der Recke Ruslan seine schöne Ludmilla. Liebe und Versöhnung lassen nach den Turbulenzen des Kampfes in das menschliche Leben wieder Ruhe einkehren. Der Streit wird geschlichtet und das Gute triumphiert.

Unser Leben ist jedoch im Märchen nicht immer durch das Alltägliche gekennzeichnet, sondern auch durch das Geheimnisvolle, Unglaubliche und Rätselhafte, durch das über unsere Erfahrung Hinausgehende, Zeitlose, Ewige, Urtypische – das Transzendentale. Die Suche nach dem Einen, das die Welt im Innersten zusammenhält, war schon von jeher Gegenstand menschlicher Bemühungen. Die Philosophen bezeichneten das Eine oder Letzte unseres Daseins als Logos oder oberstes Prinzip. Es drückt aus, daß es hinter dem begrenzten, endlichen und zeitlich bedingten Dasein der Menschen noch etwas Umfassendes gibt, das im Verborgenen liegt. Und wir können uns diesem Verborgenen nähern, jedoch nie eine eindeutige Antwort über seine Beschaffenheit geben, wie wir auch auf die reflexiven Fragen nie eine eindeutige, allgemeingültige Antwort postulieren können. Und gerade dieses Geheimnisvolle, Rätselhafte, Dunkle begegnet uns in fast allen Märchen und prägt ihren besonderen Reiz wie auch ihre Verbundenheit mit den reflexiven Fragen. Wir staunen und wundern uns und versuchen, getrieben durch unsere Neugier, Licht in das Dunkel zu bringen. Da begegnen uns graue Männchen, die menschliches Handeln leiten und kontrollieren, wie z. B. der „Geist im Glas".

So kann sich im Märchen auch eine Existenzform in eine andere verwandeln, also ein Stier in einen Feuervogel, was wir in der Wirklichkeit natürlich nicht erleben.

So verläßt beispielsweise das Sternentalermädchen das Alltägliche, um ihren Weg ins Transzendente anzutreten. Es verzichtet freiwillig auf materiellen Reichtum und verschenkt alle seine Kleider, bis es schließlich nackt im Wald unter dem nächtlichen Sternenhimmel steht. Die Kinder können dem Sternentalermädchen in die Dunkelheit und das Geheimnisvolle des Waldes folgen, bis in die Nacht hinein, in der dann die Sterne lautlos vom Himmel herunterfallen und das arme, verlassene Mädchen in ein festliches Gewand kleiden. Sie hat das Irdische verlassen und wird von der Ewigkeit aufgenommen. Das Weltall spannt sich als Kuppel über das einsame Kind, umhüllt es mit seinem transzendentalen Mantel und nimmt es zu sich.

Von der Ewigkeit des Weltalls erzählt auch „Die Kristallkugel". Sie berichtet uns vom Schloß der goldenen Sonne, das von Urbeginn an über uns thront. Die Sonne wird als Symbol des kraftspendenden Lichts gesehen, das an Platons berühmtes Sonnengleichnis erinnert. Platon sah in der Sonne auch die Ursache der Sehkraft und des Sichtbaren. Die Sonne sendet ihr Licht herab auf die Kristallkugel, die Erde, und spendet den Menschen Licht, damit sie sehen können. In der antiken Vorstellung ging man davon aus, daß die Sonne, der Helios, ein Gott ist, was auch Platon in seinem Gleichnis andeutet. Die

Sonne nimmt im Raum der empirischen Erkenntnis des Menschen eine Stellung ein, die gewissermaßen an den Bereich des Transzendenten heranreicht. Der Jüngling muß die Kristallkugel – und durch ihr inständiges Licht – die Kraft eines Zauberers brechen, der auf dem goldenen Schloß eine Königstochter verzaubert hat. Er muß selbst erst einmal richtig sehen lernen, bevor er die Schönheit der verwünschten Königstochter entdecken kann. Dazu ist es notwendig, einige Kämpfe zu bestreiten, um die Seh-und Manneskraft zu schärfen. Auch in dieser Beziehung liefert „Die Kristallkugel" eine Parallele zu Platon, der in seinem Höhlengleichnis den Weg des Menschen zum Licht der Sonne beschreibt. Der Mensch muß auf diesem Weg zahlreiche Entwicklungsstufen zurücklegen, ehe er das Licht der Sonne, welche die Idee des Guten repräsentiert, erschaut. Der Mensch nähert sich ihr nur, ohne sie vollständig zu erfassen.

In vielen Märchen begegnen uns auch die kleinen, grauen Männchen. Sie sind zum einen die Helfer der Menschen („Das blaue Licht") und zum anderen jedoch die widersprüchlichen Gestalten mit übersinnlichen Fähigkeiten, wie beispielsweise Rumpelstilzchen. In ihnen offenbart sich die antinomische Struktur der Welt und des Menschen. So hilft Rumpelstilzchen der Müllerstochter, dem Tod zu entrinnen und dem König Gold zu spinnen, es fordert jedoch als Gegenleistung das Kind der künftigen Königin. Rumpelstilzchen schwächt dann diese Forderung allerdings etwas ab, indem es ihr drei Tage Zeit gibt, seinen Namen herauszufinden. Was ist dies für ein Wesen, das einerseits den Menschen hilft und andererseits Unmögliches von ihnen als Gegenleistung erwartet? Warum benimmt sich Rumpelstilzchen so? Gibt es denn überhaupt keine uneigennützige Hilfe auf der Welt? Wie kann jemand zugleich gut und böse sein? Verkörpert Rumpelstilzchen vielleicht die Eigenart der menschlichen Seele? Warum vernichtet sich Rumpelstilzchen am Schluß der Geschichte selbst?
Immerhin nimmt der König die Müllerstochter zur Frau, weil sie mit Hilfe des für ihn unsichtbaren Rumpelstilzchens Gold spinnen kann. Ohne diese, der Müllerstochter von dem Männlein

verliehenen Fähigkeit, wäre sie mit dem Tode bestraft worden. Ist Rumpelstilzchen vielleicht so etwas wie ein Schicksal, das uns in Notsituationen rettet, jedoch auch unangenehme Folgen mit sich bringt? Oder verkörpert das Männlein die zwei Seelen in unserer Brust, von denen Goethes Mephisto spricht? Mephisto verliert bekanntlich seinen Pakt mit den Menschen – heißt dies, daß am Schluß immer das Gute in uns über das Böse triumphiert, auch oder gerade besonders im Märchen?

Mein Sohn Frederick hat herausgefunden, daß Rumpelstilzchen nicht nur böse ist, sondern der Müllerstochter auch hilft. Und er hat darüber nachgedacht, daß auch er, wenn er mir z. B. im Haushalt hilft, immer etwas haben möchte. Und Rumpelstilzchen will für seine Hilfe auch etwas haben, nur sein Wunsch ist unerfüllbar, „weil man einer Mutter nicht das Kind wegnehmen darf, sonst weint sie", fügt Freddi hinzu. „Und deshalb verschwindet Rumpelstilzchen am Schluß auch".

Das kleine schwarze Männchen aus dem „Blauen Licht" stellt auch so etwas wie das Schicksal des vom König davongejagten Soldaten dar. Es hilft ihm, die Königstochter zu entführen, rettet ihn vorm Galgen und bringt ihn letztendlich auf den Königsthron.

Im Märchen mischen sich Realität und Transzendentales auf leichtfüßige Art und Weise. Die Goldmarie fällt in den Brunnen und verläßt das Irdische; der Schneider klopft an die Himmelspforte und wird in den Himmel eingelassen, in dem eigentlich nur Gott waltet. Vielleicht sollte diese Leichtfüßigkeit für uns ein Anreiz sein, daß wundersame Ereignisse wie auch reflexive Fragen zu unserem Leben dazugehören. Wir sollten gelegentlich in besinnlichen Augenblicken dieser kleinen Wunder gewahr werden und unseren Blick auch über das Alltägliche hinaus auf das Rätselhafte und Tiefergehende richten. Märchen helfen uns, die Fähigkeit zum Staunen wieder zu erlangen und einige Funken des Transzendenten zu erhaschen. Sie repräsentieren außerdem eine Tradition jahrhundertelanger menschlicher Erzählkunst.

Zeichnen

Eine Zeichnung stellt mir das mit einmal vor Augen, was in einem Buche zehn Seiten Beschreibung erforderlich machen würde.

Ivan Turgenev (*Väter und Söhne*)

Bis jetzt haben wir uns bei der Auseinandersetzung mit reflexiven Fragen auf Begriffe gestützt. Sie dienten uns dazu, die Welt zu strukturieren, damit wir sie besser verstehen. Wir verwenden jedoch auch noch andere Symbole zur Erkenntnis der Welt, die allerdings nicht an sprachliche Mittel gebunden sind. Dazu gehören nach Auffassung der amerikanischen Philosophin Susan K. Langer Riten, gestische Ausdrücke und die verschiedenen Formen der Kunst[26].

Wenn wir reflexive Fragen stellen und nach Antworten suchen, dann geschieht dies in Form von Aussagen wie beispielsweise: „Der Himmel ist unendlich." Dabei stellen wir eine bestimmte Beziehung zwischen den Elementen der Aussage her: wir ordnen dem Subjekt Himmel die Eigenschaft der Unendlichkeit zu. Diese Zuordnung erfolgt nacheinander oder – in der Fachsprache ausgedrückt – diskursiv. Nun müßte es jedoch auch möglich sein, diese Aussage nichtdiskursiv darzustellen, d. h. in einem nichtsprachlichen Kontext. In diesem Zusammenhang müßten wir dann auch die Frage stellen, ob unsere Sinnesorgane, beispielsweise das Ohr oder das Auge, wie unser Verstand (hier im Sinne von begrifflichem Strukturierungsvermögen) in der Lage sind, eine entsprechende strukturierende Tätigkeit zu leisten. Können die Reize, die von der Welt in unsere Sinne gelangen, geordnet und gegliedert werden? Oder nehmen wir lediglich eine Flut von Sinnesdaten wahr, ohne aus jeder Sinneserfahrung eine Form zu abstrahieren, derer wir uns bedienen, um diese Erfahrung als Ganzes zu begreifen?

Der amerikanische Kunsthistoriker und Philosoph Rudolf Arnheim geht davon aus, daß unsere sinnlichen Daten durch sogenannte Wahrnehmungsbegriffe strukturiert werden. Diese Wortschöpfung drückt aus, daß der Wahrnehmungsvorgang nicht mehr als sukzessives Erfassen konkreter Dinge und Erscheinungen betrachtet wird, die durch den Verstand generalisiert werden, sondern bereits als Erfassen von Strukturen, d. h. als Instrumentarien der menschlichen Intelligenz. Unsere Augen sehen Formen und keine Bilder; unsere Ohren hören artikulierte Laute und keine Töne.

Arnheim schreibt dazu: „Der irreführenden Scheidung von Wahrnehmung und Denken ist es auch zu verdanken, daß man üblicherweise *abstrakte* von *konkreten* Dingen unterscheidet, als ob es sich da um zwei ausschließende Gruppen handle; als ob ein abstraktes Ding nicht zugleich auch konkret sein könne, und umgekehrt. Diese Vorstellung spiegelt sich in der kleinen Geschichte von dem Vater wider, den sein Kind fragt, was *abstrakt* bedeute. Nach einigem Zögern antwortet der Vater: „Abstrakt ist, was man nicht anfassen kann". Worauf das Kind: „Ach so, wie Gott und die Brennesseln"[27].

Nach Arnheims Auffassung können sowohl Gott als auch die Brennesseln singuläre, d.h. konkrete Dinge sein, als auch Abstrakta, wenn sie als ein Allgemeines auftreten, unter das einzelne Bestimmungen subsumiert werden können.
Wenn wir uns also mit der Unendlichkeit des Weltalls beschäftigen wollen, so könnten wir dies auch anhand visueller Formen tun, d.h. dieses Problem ließe sich ebenfalls zeichnerisch darstellen. Unterstützt werden wir dabei von Susan K. Langer, die darauf hinweist, daß visuelle Formen wie Linien, Farben und Proportionen ebenso zu komplexen Kombinationen von Beziehungen fähig sind wie Worte[28]. Sie bieten jedoch ihre Bestandteile, wie z.B. ‚der Himmel ist unendlich' nichtdiskursiv dar, also nicht nacheinander, sondern gleichzeitig – mehrdimensional. Dies bedeutet, daß wir die Beziehungen zwischen den einzelnen Elementen einer Zeichnung in einem Akt des Sehens erfassen müssen, während wir sie bei einer sprachlichen Begriffsanalyse nacheinander aus dem Begriff herauslösen.
Warum, so müßten wir jetzt weiterfragen, stützen wir uns dann nicht bei der Suche nach Antworten zu reflexiven Fragen ausschließlich auf die Sprache, die uns als bewährtes Medium vielfältige Möglichkeiten bietet, mit komplexen Problemen wie Unendlichkeit des Universums, Denken und Gerechtigkeit umzugehen?

Dafür gibt es im wesentlichen zwei Gründe. Erst einmal müssen wir natürlich feststellen, – sonst hätte ich sicherlich dieses Buch nicht geschrieben – daß wir uns bei der Suche nach Antworten zu reflexiven Fragen hauptsächlich auf die Sprache stützen, die im Gegensatz zu den visuellen Medien das geeignetste Kommunikationsmittel ist. Wir können mittels der Sprache sehr viele Beziehungen und Zusammenhänge in der Welt und im Menschen entdecken, aber nicht alle. Zur Darstellung von seelischen Erfahrungen beispielsweise, d. h. zum Erkunden von seelischen Zuständen und Gefühlen, eignen sich nach Meinung von vielen Wissenschaftlern[29] nichtdiskursive Medien besser. Wir können sicherlich rational erklären, warum wir bestimmte Gefühle haben und wie sie entstanden sind, ihre tatsächliche Bewegung läßt sich mit nichtdiskursiven Medien besser ausdrücken.

Der englische Schriftsteller George Orwell spricht in seinem Essay „Neue Worte" davon, daß wir zur Darstellung von inneren Zuständen des Menschen unser Denken sichtbar machen müssen. Er weist drauf hin, daß die herkömmliche Sprache nicht ausreicht, um zu beschreiben, was im Kopf eines Menschen zu einem ganz bestimmten Zeitpunkt vor sich geht. Deshalb müßten, abgesehen von neuen Wortschöpfungen, Worte sichtbare Existenz annehmen, um die Gestaltung innerer Probleme differenzierter, bildhafter zu machen[30].

Was die reflexiven Fragen mit dem Gerüst der abstrakten Begriffe anbelangt, so läßt sich noch hinzufügen, daß abstrakte Begriffe, im Gegensatz zu Worten wie Tisch oder Hand, keine festgelegten, allgemeinverbindlichen Bedeutungen enthalten. In diesem Sinn haben sie eine Gemeinsamkeit mit den visuellen Medien wie Schattierungen, Linien und Formen. Diese besitzen ebenso wie die abstrakten Begriffe keine festgelegten Bedeutungen außerhalb eines bestimmten Kontextes. Deshalb können wir zur Klärung schwieriger Begriffe sowohl sprachliche als auch visuelle Medien heranziehen.

Ein anderer ebenso wichtiger Grund besteht darin, daß Zeichnungen das früheste Darstellungsmedium von Kindern sind. Denn bevor ein Kleinkind sprechen kann, beschäftigt es sich schon mit *Kritzeleien*. Es läßt die Stifte auf dem Papier kreuz und quer rollen. Das Kind ist jedoch aufgrund technischer Unvollkommenheiten, z. B. der motorischen Führung des Arms und der Wahrnehmungsintensität der Sinne, noch nicht in der Lage, dasjenige, was es darstellen will, auch bildnerisch umzusetzen. Kinder, so meint Rudolf Arnheim, „haben Freude an der körperlichen Betätigung ihrer Glieder, am Bewegungsrhythmus, am ungestümen Herumhantieren. Es macht ihnen Spaß, wenn auf dem Papier etwas auftaucht, wo vorher nichts da war, besonders wenn kräftige Farben und kunterbunte Formen die Sinne ansprechen... Die ersten Kritzeleien sind nicht als Abbildung gemeint, sondern eher als *bloße Vorstellung*. Sie schließen die aufregende Erfahrung ein, etwas sichtbar zu machen, was es vorher nicht gab"[31].

Das Sichtbarmachen von Vorstellungen ist bei uns Erwachsenen ein bißchen in Vergessenheit geraten. Wir sind sprachlich geschult und redegewandt, haben jedoch unsere visuellen Fähigkeiten etwas verkümmern lassen. Der amerikanische Nobelpreisträger Robert W. Sperry fand bereits in den 50er Jahren heraus, daß unser Gehirn in eine rechte und linke Hemisphäre gespalten ist. Beide Hemisphären übernehmen kognitive Funktionen, jedoch in unterschiedlicher Weise. Sie stehen miteinander in Wechselwirkung, wobei die Tätigkeit der Hemisphären bei einzelnen Persönlichkeiten eine unterschiedliche Dominanz aufweist.

Die linke Hemisphäre, so fand Sperry heraus[32], ist bei den meisten Menschen vorherrschend. Sie umfaßt sprachliches, logisches und analytisches Denken wie Schreiben, Lesen und Rechnen – sie dominiert auch bei der Beschäftigung mit reflexiven Fragen. Sie regt uns zu linearem Denken an, das – wie wir bereits erwähnten – ein Spezifikum der Diskursivität ist. Vielleicht hängt die Priorität des analytischen, logischen Denkens mit der steigenden Komplexität unserer Kultur zusammen, durch die wir uns nur mit Hilfe analytischen und kommunikativen Denkens hindurchwühlen können.

Demgegenüber ist die rechte Hemisphäre des menschlichen Gehirns auf nichtdiskursives Denken fixiert, d. h. auf visuelles, intuitives, synthetisches und konkretes Denken. Sie zeichnet sich – wie schon erwähnt – durch Mehrdimensionalität aus. Wir versuchen, durch diese Denkform, nach Beziehungen zwischen einzelnen Elementen zu suchen und sie zu einem Ganzen zusammenzufügen. Deshalb sprechen wir in diesem Zusammenhang auch von komplexem Denken. Der amerikanische Psychologe Norman Gershwind hebt bezüglich der Spezialisierung beider Gehirnhälften hervor, daß man diese keineswegs überbewerten darf, denn die rechte Gehirnhälfte enthält noch Rudimente diskursiver Fähigkeiten. Beide Hemisphären wirken bei vielen menschlichen Tätigkeiten im Einklang[33].

Wir können dieses Zusammenwirken auch bei der Beschäftigung mit reflexiven Fragen stärken, indem wir den linearen Charakter der sprachlichen Auseinandersetzung mit der Eigenschaft des nichtdiskursiven Mediums kombinieren. Wenn wir uns der Unendlichkeit des Weltalls zuwenden, dann versuchen wir mit bestimmten Worten, die im Begriff des Weltalls *drinnenstecken*, diesen komplexen Begriff in einzelne sprachliche Bestandteile zu zerlegen. Auch eine Zeichnung enthält solche Bestandteile, jedoch in Form von visuellen Symbolen.

Zu den tragenden Symbolen, die in einer Zeichnung zu einem Ganzen kombiniert werden können, gehören im wesentlichen Linien, Formen und Farben.

Die visuelle Sprache der Linie ist so vielfältig, daß ich bei meinen (sprachlichen) Versuchen, ausgewählte Zeichnungen von Kindern zu deuten, nur auf einige Aspekte hinweisen kann; Sie müssen sie mit Ihren eigenen Augen lesen, um sie in ihrer Komplexität zu verstehen. „Die Sprache der Linie ist präzise, subtil, expressiv und sowohl einer schnellen Einsicht zugänglich als auch ästhetisch und intellektuell befriedigend", stellt die amerikanische Kunstwissenschaftlerin Betty Edwards fest[34].

Das Subtile läßt sich beispielsweise durch dünne Linien ausdrükken, das Passive durch langsame und das Expressive durch dicke, schnell gezogene. Hinzu kommen noch die geraden und gekrümmten Linien, die unterbrochenen und durchgezogenen – je nachdem, welche Zusammenhänge durch sie ausgedrückt werden sollen. Der russische Maler Vassilij Kandinsky sagte einmal, daß Kunst *eigentlich die Sprache der Linien* sei[35].

Das Beziehungsgeflecht in einer Zeichnung läßt sich auch anhand verschiedener Formen darstellen, d. h. runde und eckige, die ein bestimmtes Fließen oder einen Stillstand ausdrücken, horizontale und lineare für die Gestaltung von Proportionen etc. Auch die Wahl der Farben ermöglicht uns, durch helle und dunkle, volle oder pastell gehaltene Harmonie oder Disharmonie zu Papier zu bringen.

Wenn wir Begriffe wie Unendlichkeit, Gerechtigkeit, Gut und Böse, Häßlich und Schön zeichnen oder Probleme, in denen diese Begriffe eine wichtige Rolle spielen, bildnerisch darstellen wollen, dann gibt es dafür zwei Möglichkeiten: wir können sie sowohl gegenständlich als auch ungegenständlich zeichnen, bzw. beide Darstellungsformen mischen.

Die gegenständliche Art des Zeichnens ist uns allen geläufig; sie ist diejenige Ausdrucksform, derer wir uns am häufigsten bedienen, indem wir durch die unmittelbare Darstellung von Personen, Dingen und Erscheinungen die Welt um uns herum so zeichnen, wie wir sie sehen, erleben und in unserem Kopf verarbeiten.

So hat die neunjährige Sanna bei unserer Diskussion über Krieg und Frieden den Begriff des Friedens in Form eines liebenden Pärchens auf einer Parkbank dargestellt. Sie wählte volle Farben (rot, grün, blau), um die Fröhlichkeit und Zufriedenheit der beiden auszudrücken, denn wenn die Menschen Frieden halten, gehen sie liebevoll miteinander um. Über dem Pärchen thront – allumfassend – die Sonne. Sie ruft durch ihre Wärme auch bei den Menschen ein Gefühl der Wärme hervor. Sie überstrahlt das Pärchen auf der Parkbank als Ausdruck der Harmonie zwischen Mensch und Natur, die für Sanna ein wichtiger Bestandteil des Friedens ist. Ohne Frieden mit der Natur gibt es auch keinen Frieden zwischen den Menschen.

Falls Sie mit meiner Deutung nicht zufrieden sein sollten, dann sehen Sie sich in dieses Bild hinein, und versuchen Sie herauszufinden, welche Bedeutung des Wortes Frieden Sanna im Auge hatte. Das japanische Kanjizeichen für Frieden ist übrigens eine Frau unter der Sonne – ein Zufall?

In Patricks Zeichnung zu dem Märchen „Gevatter Tod" spiegelt sich die antinomische Struktur unseres Daseins wider, die sowohl durch den Tod als auch durch das Leben gekennzeichnet ist. Der Tod befindet sich am Fußende des Patienten. Dies bedeutet, so erzählt uns das Märchen, daß der Patient nicht am Leben bleibt. Zur Charakterisierung des Todes, der in vielen Märchen personifiziert auftritt, wählte Patrick eine volle schwarze Farbe (schwarz ist ihm als Farbe der Trauer bekannt.) Die Aussage des Märchens, daß der sich am Kopfende befindliche Tod den Menschen noch eine gewisse Lebenszeit zugesteht, symbolisierte Patrick durch den Baum im oberen Bilddrittel. Der Baum ist für ihn Ausdruck des Lebens – ein Symbol für Wachstum, Werden und Bewegung. Er hat den Baum jedoch durch eine dicke Linie von dem oberen Bildteil abgegrenzt. Dies könnte bedeuten, daß er Leben und Tod als zwei unvereinbare Gegensätze voneinander scheiden will: entweder lebt der Mensch, oder er ist tot. Ein Miteinander von Leben und Tod scheint für ihn ausgeschlossen (vgl. Diskussion S. 90/92).

Auch das Gemeinschaftsbild von Anja, Simone, Nina und Antje (10/11 Jahre) zeichnet sich durch volle, frohe Farben aus (violett, orange, grün): sie gestalten die Welt von morgen. Diese hat zwar auch eine antinomische Struktur, denn sie ist in den Nord-Bunt und den Süd-Bunt unterteilt – dieser Unterschied wird je-

doch durch das Wort bunt wieder aufgehoben. Die Welt von morgen erscheint uns als ein Gemüsegarten-Gespenst. Bizarre, runde Formen, die an Zwiebeln, Pilze und Mohrrüben erinnern. Sie tragen menschliche Gesichter als Symbol für eine vermenschlichte Natur oder einen natürlichen Menschen, der seinen Frieden mit der Natur gemacht hat. Dies wird auch durch die Tiere zum Ausdruck gebracht, die *kunterbunt* mit den Menschen zusammenleben, so – als gehörten sie schon immer zu unserem Leben. Die Häuser sind keine Betonblöcke. Sie ähneln Eskimohütten. Dies ist vielleicht auch ein Anzeichen für die Rückkehr zur Einfachheit und Natürlichkeit. Wir begegnen in dieser Welt aber auch bekannten Gegenständen, d.h. sie ist keine vollständige, neue Kreation, sondern baut auf uns vertrauten Gegebenheiten auf. So gibt es beispielsweise eine Kinderschaukel und ein mit Elektromotor betriebenes Auto, das einen verantwortungsbewußten Umgang des Menschen mit der Technik andeutet. Auf dem Südbunt erscheint allerdings auch etwas Bedrohliches: ein bunkerartiges Gebäude in der unteren Ecke mit einem großen Guckfenster – vielleicht ein letzter Hauch von Skepsis, daß die gewünschte, bunte Welt eine Illusion bleibt?

107

Was aus einem Phantasieapfel so alles entschlüpfen kann, erfahren wir aus der Zeichnung der siebenjährigen Anja. Vielleicht schließen Sie jetzt ganz kurz einmal Ihre Augen und überlegen, was Sie Ihrem Phantasieapfel entlocken würden!

Im Gegensatz zum gegenständlichen Zeichnen werden beim nichtgegenständlichen Ausdruck Formen, Farben und Linien zu einer bildnerischen Komposition zusammengefaßt, die keinen Gegenstand abbildet, sondern eine Aussage darstellt, wie z. B.: *Das Weltall ist unendlich.* Dabei müssen wir uns natürlich vorher überlegen, was wir darstellen wollen. Wollen wir beispielsweise den Begriff Leben bildnerisch fassen, so müssen wir wie bei der sprachlichen Analyse eines Begriffs darüber nachdenken, welche Bestandteile des Wortes für uns wichtig sind. Wenn wir meinen, daß das Leben eine antinomische Struktur aufweist, also von Widersprüchen wie gut und böse geprägt ist, dann müssen wir dies auch in unserer nichtgegenständlichen Darstellungsweise zum Ausdruck bringen, indem wir z. B. unserer Zeichnung eine Disharmonie zugrunde legen. Dies läßt sich vielleicht durch eine Zweiteilung der Zeichnung mittels einer durchgezogenen Linie erreichen oder durch den Abbruch einer symmetrischen Form. Wir können auch als Hauptelemente unseres Bildes zwei nichtsymmetrische Formen ansetzen. So ist z. B. in der Zeichnung *Leben* des dreizehnjährigen Oliver eine Analogie zum platonischen Sonnengleichnis zu erkennen. Das Leben wird mit der Sonne gleichgesetzt, die ihre Strahlen zur Erde sendet und somit das Werden und Wachsen ermöglicht (die Sonnenstrahlen fördern die Fotosynthese und damit auch das Wachstum der Pflanzen). Oliver drückt das Werden und Wachsen durch die Strahlen der Sonne aus. Die Sonne ist jedoch nicht nur die Ursache des Werdens und Wachsens, sondern auch die Ursache des Sichtbaren und der menschlichen Sehkraft und des Gesichtssinns, d. h. ohne das Licht der Sonne könnten wir nicht sehen und uns in der Welt orientieren. Die Sonne gibt uns also auch die Kraft des Schauens, des Erkennens und Denkens, mit der wir Menschen unser Leben gestalten (siehe auch Seite 95). Dies habe ich jetzt philosophisch hineininterpretiert. Oliver kam es in erster Linie darauf an, Sonne und Mensch, ausgedrückt durch die Form des Auges, als wichtige Elemente des Lebens bildnerisch aufs Papier zu bringen. Und daß sich beide in einem harmonischen Miteinander befinden, verrät uns die Symmetrie der Strahlen.

Es ist jedoch auch möglich, den Begriff Leben als Mischform zwischen gegenständlichen und nichtgegenständlichen Elementen darzustellen. In Janiques Bild ist das Leben durch Blumen und einen Baum in *Dreieinigkeit* mit dem Himmel repräsentiert. Das Ganze wird durch ein Wirrwarr an dicken und dünnen Linien überspannt. Sie symbolisieren entweder Janiques Auffassung von der Ewigkeit oder Unendlichkeit des Lebens, weil sie über den Bildrand hinausreichen, d. h. Janiques Bild hat keine Grenzen. Die Linien könnten jedoch auch ein Indiz dafür sein, daß Janique dem Leben einen widersprüchlichen Charakter verleiht, d. h. die Harmonie der blühenden Welt und des Himmels wird durch die Disharmonie der verschiedenartigen Linien gestört – Leben als Chaos und Ordnung?

Auch in den folgenden Zeichnungen von Patrick (12 Jahre) und Ole (12 Jahre), die Illustrationen zu zwei Geschichten waren, mischen sich gegenständliche und nichtgegenständliche Elemente. Ole stellt die Frage, ob seine Gedanken zu seinem Kanarienvogel hinüberspringen können? Ist es möglich, daß der Kanarienvogel wissen kann, was Ole in einem bestimmten

Moment denkt und fühlt? Damit verbunden ist natürlich auch die Frage, ob Tiere überhaupt denken und fühlen können?

Patrick hingegen wollte in seinem Bild erzählen, daß sich seine Freundin Nicki *leer fühlt*, wenn ihre Freunde nicht da sind – alles ist aus ihr herausgeflogen; sie kommt sich einsam vor.

In Sandras Bild (13 Jahre) wurde ebenfalls die Idee zu einer Geschichte gestaltet. Die Geschichte erzählt davon, daß eine Mutter ihren Kindern erklärt, der Hefeteig müsse erst noch voll aufgehen, bevor sie daraus Plätzchen backen könnten. Das Wort aufgehen bedeutet für die Kinder, daß der Teig größer und größer werden kann. Und dies wollen sie natürlich ausprobieren. Sie laufen in den Schweinestall und werfen der Sau ein Stück von dem Teig zum Fraß hin. Und sie stellen sich dabei vor – Sandra läßt aus dem Kopf der Kinder Sprechblasen emporsteigen –, daß die Sau wächst und wächst. Sandra hat ihr Bild in einen Wirklichkeitsteil und einen ideellen Teil gegliedert. Die Vorstellungen der Kinder gestaltete sie in dem kleinen, umrandeten Bild im oberen Teil.

Die von mir ausgewählten Bilder stellen nur ein Bruchstück der Möglichkeiten dar, abstrakte Begriffe und Probleme, die fundamentale Lebensfragen betreffen, bildnerisch auszudrücken. Der italienische Philosoph Emmanuele Gennaro beschäftigt sich schon seit den 50er Jahren damit, philosophische Ideen durch nichtdiskursive Formen darzustellen. So zeichnete er beispielsweise das Monadensystem von Leibniz oder den Begriff der Metaphysik bei Kierkegaard und das Entstehen der Welt aus dem Chaos[36].

Bei der Beurteilung von *reflexiven Zeichnungen* sollten Sie sich an den folgenden Kriterien orientieren, die ich auf der Grundlage von Erfahrungen der amerikanischen Kunstwissenschaftlerin Betty Edwards[37] zusammengestellt habe.

1. Überlegen Sie sich, worauf es Ihnen bei der Darstellung eines Problems oder eines Begriffes ankommt. Versuchen Sie, nur die wichtigsten Charakteristika darzustellen und die un-

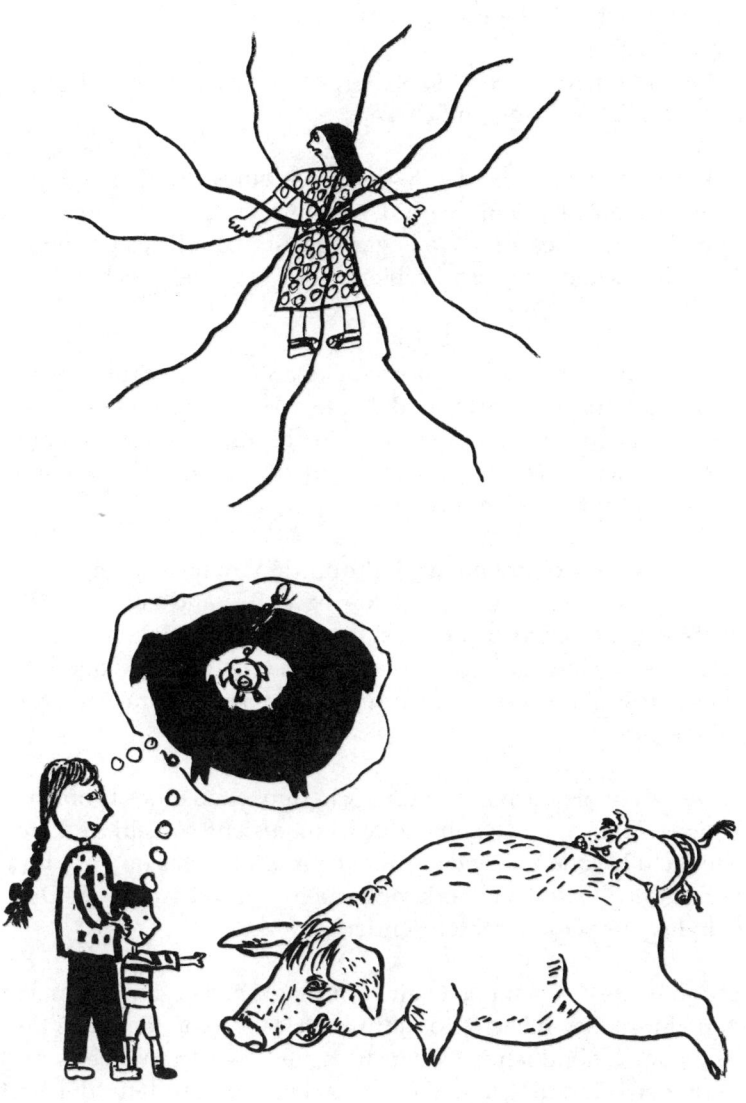

wichtigen wegzulassen. Stützen Sie sich auf die Eigenschaften, die eine Sache zu der machen, die sie ist!

2. Bedenken Sie im voraus, ob Sie gegenständlich oder nichtgegenständlich zeichnen möchten.

3. Berücksichtigen Sie die Begrenztheit eines Problems! Vergegenwärtigen Sie sich, wo ein bestimmter Gegenstand endet und ein neuer beginnt. Wo liegen die Grenzen Ihres Problems, d. h. die Ecken, die ein Problem vom Nebensächlichen trennen?

4. Machen Sie sich auch darüber Gedanken, wie Problem-und Raumgestaltung zusammenhängen. Was befindet sich im Raum und in den Räumen um oder hinter dem Gegenstand, dem Problem oder dem Begriff, auf die es Ihnen ankommt? Können Räume helfen, Probleme darzustellen?

5. Welche Beziehungen und Proportionen beabsichtigen Sie darzustellen? Welche Teilaspekte bzw. Bestandteile eines Begriffs möchten Sie besonders hervorheben? Wollen Sie beispielsweise Harmonie oder Disharmonie, Symmetrie oder Dissymmetrie, Chaos oder Ordnung einer Sache zum Ausdruck bringen?

6. Beachten Sie auch Licht- und Schattenseiten eines Problems! Welche Teile eines Gegenstandes sollen sichtbar sein und welche nicht? Wollen Sie vielleicht auch irgend etwas im Verborgenen lassen? Es soll nicht erkennbar sein – vielleicht gar das Dunkel, das uns seine Strahlen sendet?

Schauen Sie doch einfach beim Sonntagsspaziergang einmal in den Himmel! Vielleicht kommt Ihnen dann eine Idee, das Problem der Unendlichkeit oder auch des ewigen Werdens und Vergehens darzustellen. Vielleicht gleitet Ihnen dann der Stift ganz von selbst über das Blatt und Sie können alle meine Anregungen vergessen. Wichtig ist eigentlich nur, daß Sie Ihren Stil finden, reflexive Probleme bildnerisch zu gestalten. Zu stilistischer Vollkommenheit werden Sie dabei allerdings nicht gelangen – dies bleibt den Künstlern vorbehalten.

Spielen

Kinder entwickeln ihre geistigen und körperlichen Fähigkeiten durch das Spiel – darauf wurde in der psychologischen Literatur zur Genüge hingewiesen[38]. Es gibt eine Reihe von lesenswerten wissenschaftlichen Untersuchungen über Spiele und Spieltheorie bis hin zu einer Vielfalt von Spielebüchern, die uns verschiedene Arten von Spielen vorstellen. Könnten wir daraus vielleicht etwas für die Beschäftigung mit reflexiven Fragen entnehmen, stützen wir uns doch bei der Suche nach Antworten vorrangig auf das Medium der Sprache?

Der österreichische Philosoph Ludwig Wittgenstein hat hervorgehoben, daß die Sprache eine (unter vielen) menschlichen Tätigkeiten ist, die unsere Lebensform prägen. Und wir bedienen uns ihrer auch als Werkzeug, um zu spielen. Deshalb spricht Wittgenstein von Sprachspielen. Dazu gehören seiner Meinung nach u. a.:
„... Eine Geschichte erfinden; und lesen –
Theater spielen –
Reigen singen –
Rätsel raten –
Einen Witz machen; erzählen –
Ein angewandtes Rechenexempel lösen –
Aus einer Sprache in die andere übersetzen –
Bitten, Danken, Fluchen, Grüßen, Beten."[39]

Wittgensteins Vorschläge für Sprachspiele sollen im folgenden mit konkreten Anregungen ausgefüllt werden, die in erster Linie dazu beitragen, den Umgang mit Begriffen, vornehmlich abstrakten, spielerisch – diskursiv und nichtdiskursiv – zu festigen.

Meine Spielanregungen, die aus der praktischen Arbeit mit Kindern hervorgegangen sind, betreffen:
1. Wortbetrachtungen und Klassifikationen von Wörtern;
2. Das Erfinden von neuen Wörtern und Definitionen;
3. die Entwicklung der Fähigkeit des Begründens und
4. das Fragenstellen.

Zu 1. Die Spielanregungen dieser Gruppe sollen den Spaß am Umgang mit Worten wecken und fördern, indem wir uns immer wieder die Frage stellen: Was verstehe ich eigentlich unter...? Was drückt dieses Wort aus? Gibt es mehrere Merkmale, die das Gerüst eines bestimmten Wortes tragen? In welchem Zusammenhang verwende ich das Wort eigentlich; in welchem nicht?

Die Spiele sollen darüber hinaus unsere Sensibilität schärfen, daß abstrakten Begriffen keine allgemeinverbindlichen Bedeutungen zugrunde liegen und daß zwischen bestimmten Wörtern eine Ähnlichkeit besteht, zwischen anderen nicht. Einige Wörter lassen sich in einem anderen Wort zusammenfassen, andere nicht. Indem wir uns immer wieder fragen, wann benutze ich das Wort Gerechtigkeit, was verstehe ich unter *Himmel*, wie wollen wir die Grenzen des Wortes *böse* setzen, wirken wir dem entgegen, was Ludwig Wittgenstein „Verhexung des Verstandes durch die Mittel unserer Sprache" genannt hat? Wir lassen uns also nicht durch die Sprache verhexen, sondern verhexen die Sprache, indem wir uns über ihre Zauberformeln, die Worte, Gedanken machen und mit ihnen allerlei Zauberkunststücke anstellen. Ich gebe Ihnen im folgenden einige Zauberrezepte, die Sie beliebig verändern, erweitern oder gar weglassen können. Und das Praktischste an ihnen ist, daß man mit ihnen, abgesehen von ihrer Antiverhexungswirkung, auch noch die Langeweile bezwingen kann, die sich an manchen verregneten Nachmittagen oder überlangen Autofahrten gelegentlich in unsere Lebensform einzuschleichen scheint.

1. *Spiel: Was ist es?*

Ein Mitspieler sucht sich einen Gegenstand aus und schreibt ihn (zur Kontrolle) auf einen Zettel. Die anderen Mitspieler erraten nun diesen Gegenstand, indem sie eine Reihe von Fragen stellen, die von demjenigen, der den Gegenstand ausgewählt hat, entweder mit Ja oder Nein beantwortet werden. Zur Vereinfachung dieses Spiels, vor allem für jüngere Kinder, können wir die betreffende Sachgruppe angeben, aus der unser Gegenstand stammt, z. B.: Spielzeuge, Verkehrsmittel, Schule, Denken (schon etwas schwieriger). Jeder Mitspieler darf so lange fragen, bis seine Frage mit Nein beantwortet wird. Wer den Gegenstand als erster erraten hat, wählt einen neuen aus. Am Schluß der gesamten Spielserie ist derjenige Sieger, dessen Gegenstand mit den meisten Fragen enträtselt wurde.

Fragebeispiel: Apfel (Bereich Nahrungsmittel)

1. Ist der betreffende Gegenstand groß?	Nein
(Also klein)	
2. Ist er in einer Verpackung?	Nein
(Also frisch)	
3. Ist er lange haltbar?	Nein
(Also verderblich)	
4. Kann er faulen?	Ja
5. Handelt es sich um eine Obstsorte?	Ja

Nun können wir mehrere Obstsorten erfragen, bis die richtige genannt wird. Bevor wir das Spiel beginnen, wäre es ratsam, sich zu überlegen, nach welchen Kriterien sich ein Gegenstand erfragen läßt, z. B. Größe, Beschaffenheit (hart oder weich), Farbe, Geruch... Außerdem sollten wir darauf achten, nur nach wichtigen Eigenschaften zu fragen.

Wenn wir dann schon einige Spielerfahrungen gesammelt haben, können wir die Spielanforderungen beliebig erhöhen. Dann lassen sich auch schwierigere Gegenstände aus dem kognitiven Bereich wählen, wie z. B. geistige Tätigkeiten (Rechnen, Lesen, Nachdenken etc.)

Das „Was-ist-es-Spiel" kann auch beliebig modifiziert werden, z. B. als Personenrätsel – Wer ist das? Auch dabei können die Spieler lernen, systematisch vorzugehen, indem sie sich auf äußere Eigenschaften wie Geschlecht, Größe, Augen- oder Haarfarbe und auf innere, wie beispielsweise Sprache (Deutsch, Englisch), Ausdrucksweise (Schnell- oder Langsamredner) konzentrieren.

Schwieriger wird es schon, wenn einzelne Eigenschaften gefragt sind. Bei diesem Spiel stellt ein Mitspieler durch Pantomime, d. h. mit seinem Körper eine wichtige Eigenschaft eines Gegenstandes oder einer Person dar, die von den anderen herausgefunden werden soll, z. B. zerstreut sein, verträumt sein, faul sein. Die anderen Mitspieler stellen dann Fragen (siehe Apfel-Beispiel), um die Eigenschaft zu erraten.

Man kann dieses Spiel auch interessanter gestalten, indem zwei entgegengesetzte Eigenschaften pantomimisch dargestellt werden, also beispielsweise faul und fleißig, wach und schläfrig, redegewandt und schweigsam. Sie müssen von den Mitspielern per Frage entdeckt werden.

Dieses Spiel mit Eigenschaften läßt sich auch nichtdiskursiv spielen. Wir zeichnen anhand von Punkten, Linien oder Formen bestimmte Eigenschaften, wobei wir uns vorher überlegen, wie wir das, was uns an den Eigenschaften wichtig ist, zu Papier bringen, z. B. :

rund   spitz   gerade/schräg

Auch dieses Spiel läßt sich natürlich im Schwierigkeitsgrad erhöhen. Wir können z. B. anfangs – zur Eingewöhnung – Eigenschaften zeichnen, welche die äußere Erscheinung betreffen, z. B. spitz, rund s. o. Später können wir uns dann Eigenschaften zuwenden, die ein bestimmtes Verhalten charakterisieren, wie beispielsweise: beweglich, unbeweglich, schnell, langsam, fleißig, faul etc. Die höchste Form dieses Eigenschaften-Zeichnens ist die Darstellung von Eigenschaften, die das Innere eines Menschen zum Ausdruck bringen, wie z. B.: traurig, freudig, nachdenklich, einsam, verträumt.

2. Spiel: Welches Wort spukt mir im Kopf herum?

Jeder Mitspieler malt die Umrisse seines Kopfes auf ein Blatt Papier; für jüngere Kinder kann dies auch ein Erwachsener tun. Dann schließen wir für einige Augenblicke die Augen und lassen uns ein Wort oder eine Wortkette in den Sinn kommen. Und an der Stelle, an der in unserer Zeichnung das Gehirn sitzt, malen wir unser Wort hinein. Wir erraten gegenseitig, an welches Wort die einzelnen Mitspieler gedacht haben.
Dieses Spiel läßt sich auch in ein Wettspiel umwandeln. Die Spieler können vorher beispielsweise als Regel festlegen, daß derjenige gewonnen hat, dessen Wort am schwersten zu erraten war.
Es ist jedoch auch möglich, den Schwierigkeitsgrad auf andere Weise zu erhöhen, indem wir uns beispielsweise darauf einigen, die Wörter nichtgegenständlich, also lediglich mit Punkten, Linien oder Formen zu zeichnen.
Welche Wortkette wurde im folgenden von Nina gezeichnet?

3. Spiel: Aus welchen Buchstaben läßt sich ein Wort zeichnen?

Dieses Spiel existiert traditionell in verschiedenen Varianten. Wir schreiben einen Buchstaben auf einen Zettel und versuchen, daraus ein Wort zu zeichnen, also beispielsweise einen Gegenstand, eine Person oder ein Tier.

Wir können dabei folgendermaßen vorgehen: Ein Mitspieler beginnt leise, das Alphabet aufzusagen, während eine anderer
‚stop' ruft. Aus demjenigen Buchstaben, bei dem das Alphabet
‚angehalten' wurde, zeichen wir dann einen Gegenstand bzw.
muß vorher festgelegt werden, aus welchem Bereich etwas dargestellt werden soll. Derjenige Spieler, der zuerst fertig ist, hat
gewonnen.
Mit älteren Kindern läßt sich dieses Spiel auch in einer anderen
Sprache spielen. So wird dann beispielsweise das englische
oder französisches Alphabet aufgesagt.

 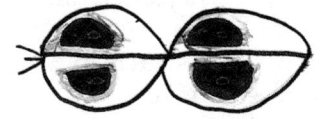

4. Spiel: Welches Wort ist fehl am Platz?

Am Anfang dieses Spiels wird ein Spielleiter gewählt. Dieser schreibt auf einen Zettel (oder in der Schule an die Tafel) mehrere Wörter, anfangs nicht mehr als sechs. Diese Wörter stammen alle aus einem vorher benannten Sachgebiet, z. B. Berufe, Verkehrsmittel, Charaktereigenschaften etc. Ein oder zwei Wörter aus dieser Kette passen nicht in das festgelegte Sachgebiet. Derjenige, welcher sie zuerst herausfindet, erstellt eine neue Wortkette, wobei er vorher noch begründen muß, warum diese beiden Wörter nicht in das betreffende Sachgebiet passen.

Beispiel: Unendliche Geschichte
Schriftsteller/Drucken/*Kassette*/Umschlag.

Dieses Spiel läßt sich auch mit älteren Kindern in einer anderen Sprache spielen. Bei jüngeren Kindern kann man auch verschiedene Bilder aufzeichnen, wobei wiederum ein oder zwei Bilder nicht in das dargestellte Sachgebiet passen.

5. Spiel: Wer findet das übergeordnete Wort?

Ein Mitspieler schreibt einige Wörter aus einem bestimmten Sachgebiet auf einen Zettel oder an die Tafel. Die anderen müssen nun den entsprechenden Oberbegriff, also dasjenige Wort, welches die genannten Wörter umfaßt, nennen oder aufschreiben:

Mutter/Vater/Kind	= Familie
breakfast/dinner/tea	= meals

petit déjeuner/déjeuner/diner	= repas
mesa, cama, armario	= objetos
sprechen/lesen/schreiben	= ?
laufen/essen/trinken	= ?
traurig/fröhlich/lustig	= ?

Zu 2. Im täglichen Leben werden wir oft aufgefordert, ein Problem zu definieren, d.h. zu sagen, was für uns daran das Wichtigste, Originäre und Eigentümliche ist. Wir müssen herausfinden, was eine Sache zu der macht, die sie ist, indem wir wesentliche von unwesentlichen Merkmalen absondern. Dabei abstrahieren wir vom Einzelnen, Zufälligen und Vielfältigen und wenden uns dem Allgemeinen zu. Damit – so könnte man meinen – sind jüngere Kinder überfordert, weil sich ihr Abstraktionsvermögen vielleicht noch nicht ausreichend entwickelt hat. Auf der anderen Seite können wir aber auch feststellen, daß Kinder vom Spielen her bestimmte Regeln kennen, die sie entweder erlernen oder selbst festlegen. So machen sie z.B. im voraus ab, unter welchen Bedingungen ein Spiel ablaufen soll, wobei diese Abmachungen für alle Spieler verbindlich sind, d.h. Kinder sind daran gewöhnt, allgemeine Merkmale für bestimmte Tätigkeiten festzulegen.

In den folgenden Spielen wollen wir den metaphorischen Gebrauch der Sprache entwickeln, indem wir neue Begriffe für uns geläufige Dinge und Personen erfinden. Altbekannte Wörter verwandeln sich somit in originäre Neuschöpfungen. Diese sind jedoch mit den alten Wörtern insofern verbunden, als die Neuschöpfungen auf den alten aufbauen. Wir müssen uns dabei im voraus überlegen, was das wichtigste Merkmal an dem alten Wort ist. Dieses müssen wir in das neue Wort hineinbringen.
Das neue Wort enthält somit die Struktur des alten. Wir definieren mit dem neuen Wort das uns bekannte. Dabei können sehr viele originelle Wortschöpfungen entstehen, die uns verdeutlichen, daß wir Menschen nicht nur neue Gegenstände erfinden, sondern auch neue Worte.

Das erste Spiel dieser Serie dient als Vorbereitung für Wortschöpfungen.

1. Spiel: Welche Wörter lassen sich finden?

Ein Spieler nennt ein Wort. Die anderen schreiben dieses Wort auf einen Zettel. Sie suchen nun Wörter, deren Anfangsbuchstaben von oben nach unten gelesen, das geschriebene Wort ergeben, z. B.:

Geist
Einfallsreichtum
Denken
Auswahl
Namenwort
Kombinieren
Erinnerung
Nachdenken

Mein Beispiel verdeutlicht, daß dieses Spiel im Schwierigkeitsgrad erhöht werden kann, wenn die zu suchenden Wörter aus einem vorher festgelegten Sachgebiet, wie z. B. Denken, Schule oder Kunst genommen werden sollen. Eine Beschränkung auf Wortarten, wie z. B. Adjektive oder Substantive oder eine Fremdsprache wäre auch möglich. Ganz schwer wird es, wenn die Wörter einen Zusammenhang bilden oder gar eine Geschichte wiedergeben müssen:

Stiefmutter
Canaille
Herzlos
Neidisch
Eingebildet
Eifersüchtig
Wegjagen
Irgendwohin

Treffen
Tod
Chance
Herzallerliebster
Einwirken
Neuanfang

2. Spiel: Welches Wort ist das Gegenteil?

Ein Mitspieler nennt ein bestimmtes Wort, z. B. schön. Nun kommt es darauf an, so schnell wie möglich ein entgegengesetztes Wort zu finden. In unserem Fall wäre das häßlich. Derjenige, der zuerst das entgegengesetzte Wort gefunden hat, nennt ein neues.

Bei diesem Spiel ist es sehr wichtig, daß man möglichst ein Wort wählt, zu dem sich nicht so leicht ein entgegengesetztes Wort finden läßt. Außerdem kann man den Schwierigkeitsgrad erhöhen, indem die Kinder mehrere entgegengesetzte Wörter suchen müssen, wobei derjenige gewinnt, der die meisten findet. Z. B.:

redegewandt   = ?
zerstreut   = ?
Muttersöhnchen = ?

Dieses Spiel läßt sich mit älteren Kindern auch in Englisch, Französisch oder in einer anderen Sprache spielen:

crazy   = ?
lazy   = ?
bad   = ?

gentille   = ?
courageux = ?
nouveau   = ?

3. Spiel: Was bedeutet dieses Wort

Bei diesem Spiel kann es sehr lustig zugehen. Zuerst wird ein Spielleiter gewählt. Dieser nimmt den Duden zur Hand und sucht sich ein ungebräuchliches, ungewöhnliches Wort heraus, von dem er annimmt, daß es die anderen Mitspieler nicht kennen. Ein solches Wort wäre beispielsweise *Exarch*. Nun müssen alle Beteiligten sagen oder aufschreiben, was sie sich darunter vorstellen. Derjenige, dessen Erklärung der im Duden beschriebenen Bedeutung am nächsten kommt, hat gewonnen. Wissen Sie übrigens, wer oder was ein Exarch ist?

4. Spiel: Wer denkt sich ein neues Wort aus?

Ein Mitspieler nennt ein Wort, wobei vorher ein bestimmtes Sachgebiet festgelegt werden sollte. Ich nehme jetzt einmal das Wort Schneemann. Nun müssen alle versuchen, sich in einer festgelegten Zeit neue Wörter für das genannte Wort auszudenken, wobei es nur durch ein Wort, das auch zusammengesetzt sein kann, ersetzt werden darf. Derjenige, welcher die meisten neuen Wörter gefunden hat, ist Sieger. Hier einige Beispiele aus unserer Gruppendiskussion über Ronald Reeds Buch „Rebeccas Gedanken" (siehe Seite 160):

Schneemann	*Ohr*
Wintermensch	Hörgestell
Karottennasenmann	Wahrnehmungsorgan
Eisgebilde	Hörgewölbe
Schneekugelmensch	Brillenhalter

Bei diesem Spiel muß man darauf achten, daß die neuen Wörter alle wichtigen Eigenschaften des durch das alte Wort bezeichneten Gegenstandes enthalten. Für das Wort Schneemann könnte man beispielsweise nicht Kugelmensch sagen, weil ein Kugelmensch nicht unbedingt etwas mit dem Winter zu tun haben muß. Vielleicht sollte vor Beginn des Spiels ein Spielleiter bestimmt werden, der darüber entscheidet oder mit den Spielern darüber spricht, ob die neuen Wörter auch alle wichtigen Eigenschaften des alten Wortes enthalten. Vielleicht versuchen Sie es jetzt einmal mit den folgenden Wörtern:

Elefant   = Vierbeinkoloß
Prinz   = Märchengestalt, ...
Wortspiel   = ...

Zu 3. Die folgenden Spiele sollen die einzelnen Mitspieler anregen, die Fähigkeit des Begründens zu entwickeln (vgl. auch Seite 36/37). Oftmals stellen wir einfach nur Behauptungen auf, ohne sie zu begründen. Es ist aber wichtig, für Meinungen Argumente anzugeben, damit unsere Mitmenschen wissen, warum wir so und nicht anders denken, und wie wir dazu kommen, diese und keine andere Meinung zu vertreten. Spielerisch läßt sich dies recht lustig gestalten.

1. Spiel: Was ist falsch?

Die Mitspieler bilden zwei Mannschaften. Die Spieler der einen Mannschaft denken sich eine falsche Aussage aus, z. B.: Fische atmen durch die Lunge. Diese Aussage muß nun durch die Gegenmannschaft korrigiert werden, d. h. die Gegenmannschaft muß begründen, warum die betreffende Aussage falsch ist. Für jeden richtigen Grund gibt es einen Pluspunkt. Diejenige Mannschaft, die am Ende des Spiels die meisten Pluspunkte gesammelt hat, ist Sieger.
Auch bei diesem Spiel ist es ratsam, die falschen Aussagen aus einem vorher festgelegten Sachgebiet zu nehmen.

2. Spiel: Wieviele Gründe lassen sich finden?

Die Mitspieler denken vor Beginn dieses Spiels darüber nach, auf welche wichtigen Fragen sie bisher keine Antwort gefunden haben, z. B.: Hat der Himmel ein Ende? Warum müssen alle Menschen sterben? Gibt es ein Leben nach dem Tod? Sie schreiben diese Fragen auf ein Kärtchen. Irgendein Mitspieler zieht eines von den Kärtchen und liest die Frage laut vor. Danach überlegt sich jeder Teilnehmer eine Antwort auf die Frage und versucht, diese durch Gründe zu stützen, die er aufschreibt. Derjenige Mitspieler, der die meisten Gründe gefunden hat, erhält Pluspunkte.

In diesem Spiel sollte bei jeder neuen Frage ein Spielleiter gewählt werden, der darüber entscheidet, ob die genannten Gründe gute Gründe sind. Wir sollten öfter den Spielleiter wechseln, damit jedem Mitspieler mindestens einmal diese Aufgabe zufällt.

3. Spiel: Was würdest du tun?

Vor dem Spiel überlegt sich jeder Teilnehmer eine schwierige Situation, in der er sehr schwer eine Entscheidung treffen konnte, z. B.: Soll ich den Eltern erzählen, daß ich heimlich Fernsehen geguckt habe oder nicht? Danach wird gewürfelt. Derjenige, welcher als erster eine Eins würfelt, erzählt seine schwierige Situation. Der nächste, welcher eine Sechs würfelt, muß eine Entscheidung treffen. Und danach muß der nächste Würfler so viele Gründe für diese Entscheidung nennen, wie die Zahl auf seinem Würfel anzeigt, wobei ein vorher gewählter Spielleiter darüber entscheidet, ob es gute Gründe sind oder nicht. Für jeden guten Grund wird ein Punkt vergeben. Derjenige, welcher am Schluß des Spiels die meisten Punkte gesammelt hat, ist Sieger. Dieses Spiel ist zur Hälfte ein Glücksspiel und zur anderen Hälfte ein Denkspiel.

4. Spiel: Wer hat die meisten Eigenschaften?

Auch dieses Spiel ist ein Kärtchenspiel. Wir schreiben auf die eine Gruppe von Kärtchen literarische Helden, wie z. B. Atréju, den Kleinen Prinzen oder die Kleine Hexe. Auf die andere Kärtchengruppe schreiben wir menschliche Eigenschaften wie hilfsbereit, klug, böse etc. Danach wählen wir wiederum einen Spielleiter. Vor Spielbeginn zieht jeder Mitspieler eine Karte aus der Gruppe der literarischen Helden. Und nun beginnen wir zu würfeln (jeder einmal pro Spielrunde). Wer eine Sechs würfelt, zieht eine Karte aus der Gruppe der menschlichen Eigenschaften. Und wer begründen kann, warum diese Eigenschaft zu seinem literarischen Helden paßt – ein Grund genügt – darf die Karte an seinen Helden anlegen. Gewonnen hat derjenige, welcher am Schluß des Spiels die meisten Karten an seinen Helden angelegt hat. Der Spielleiter entscheidet darüber, ob die genannten Gründe gute Gründe sind.

5. Spiel: Hohes Gericht

Vor dem Spiel wird ein Spielleiter bestimmt, der als Richter fungieren wird. Danach wählt man einen Staatsanwalt, einen Verteidiger und einen Angeklagten. Bevor das Spiel beginnt, wird noch festgelegt, warum der Angeklagte vor Gericht erscheint, z. B. wegen Beleidigung des Nachbars, wegen Diebstahls usw. Danach beginnt das Spiel. Der Angeklagte und sein Verteidiger versuchen, gute Gründe für die Tat anzuführen, während der Staatsanwalt Gegengründe nennt. Der Richter entscheidet am Schluß darüber, wer die besseren Argumente vorgebracht hat, indem er Gründe für die Gründe anführt (Siehe auch Seite 37).
Dieses Spiel eignet sich besonders gut, um Konfliktsituationen in der Familie oder in der Schule zu entschärfen. So kann die Mutter beispielsweise die Rolle des Staatsanwalts übernehmen, die große Schwester ist die Verteidigerin, der Vater der Angeklagte und das jüngere Kind der Richter. Beim nächsten Mal werden die Rollen dann getauscht.

Die letzte Gruppe der Spiele bezieht sich auf das Fragenstellen überhaupt. Es ist der Ausgangspunkt für den Kompaß durch das Labyrinth der Welt, denn nur jemand, der Fragen stellt, kann tiefer in die Struktur der Welt eindringen (siehe auch Seite 131).

1. Spiel: Wer findet die meisten Fragen?

Die Mitspieler schreiben in einer vorher festgelegten Zeit Fragen auf einen Zettel, auf die sie bisher noch keine zufriedenstellende Antwort gefunden haben., z. B. : Was ist Zeit? Dürfen wir Menschen Tiere töten? Warum müssen alle Menschen sterben?
Danach werden die Fragen vorgelesen. Diejenige Frage, die von den meisten Teilnehmern genannt wurde, wird dann in den Mittelpunkt einer gemeinsamen Diskussion gestellt.
Wer den Wettcharakter dieses Spiels erhöhen möchte, kann z. B. demjenigen, der die meisten unbeantworteten Fragen gefunden hat, einen Pluspunkt geben.
Dieses Spiel trägt vor allem dazu bei, sich einmal Klarheit darüber zu verschaffen, wieviel schwierige Fragen jemandem durch den Kopf schwirren.

2. Spiel: Auf wen zeigt die Flasche?

Die Spieler sitzen in einem Kreis. Einer von ihnen dreht eine Flasche und stellt dabei eine Frage zu einem vorher festgelegten Sachgebiet, z. B. Märchen. Der Spieler, auf den der Flaschenhals zeigt, muß sie beantworten. Danach dreht er die Flasche wieder und stellt die nächste Frage. Wenn jemand die betreffende Frage nicht beantworten kann, so muß der Fragensteller noch eine Zusatzfrage stellen. Derjenige, welcher die meisten unbeantworteten Fragen vorgebracht hat, ist Sieger. Die Mitspieler müssen also von vornherein darauf achten, möglichst schwierige Fragen zu stellen.
Das Spiel kann auch so variiert werden, daß jemand, der eine Frage nicht beantworten kann, einen Pfand abgeben muß.

3. Spiel: Wer ist der Held?

Ein oder zwei Spieler erzählen eine Geschichte, die allen anderen Mitspielern bekannt ist. Sie müssen die Geschichte jedoch so verschlüsselt wiedergeben, daß der oder die Haupthelden nur schwer erraten werden können. Die anderen Mitspieler stellen nun Fragen, um die Haupthelden herauszubekommen. Ihre Fragen werden von den Geschichtenerzählern lediglich mit Ja oder Nein beantwortet.
Derjenige Erzähler, dessen Hauptheld mit den meisten Fragen erraten werden mußte, hat gewonnen.

Wer ist der Hauptheld der folgenden Geschichte?
Es handelt sich um ein Mädchen, das einen nichtalltäglichen Namen hat. Es lebt in einem schloßähnlichen Gebilde unter freiem Himmel. Dieses Mädchen ist sehr traurig darüber, daß die Menschen heutzutage alles Mögliche haben, nur etwas ganz Wichtiges nicht. Dieses Wichtige kann man weder sehen noch anfassen, aber mit bestimmten Geräten messen. Es trägt dazu bei, daß wir unser Leben genießen können.

Die von mir dargestellten Spiele können einerseits vor Beginn eines Gesprächs als Stimulation oder Gesprächseinstieg gewählt werden; man kann sie jedoch auch um ihrer selbstwillen spielen. Sie tragen dazu bei, daß Kinder spielerisch die Tragfähigkeit von Begriffen prüfen und ihr Wortrepertoire erweitern.

4
Wohin zeigt der Kompaß?

Das reflexive Gespräch als menschliches Grundbedürfnis

Wir Menschen zeichnen uns vor allem durch die Eigenschaften des Denkens und Sprechens aus; wir sind ein *zoon logon echon* im Sinne der griechischen Philosophie. Aber wem nützt es, wenn wir wie Robinson auf einer einsamen Insel die Resultate unseres Denkens anderen vorenthalten, teilen wir doch mit ihnen eine bestimmte Lebensform. Und haben wir uns in dieser Lebensform nicht oft schon nach dem Urteil der anderen gerichtet, mit denen wir zusammenleben? War nicht die Meinung von Vater oder Mutter, von den Nachbarn oder Spielgefährten stets ein wichtiger Probierstein für die eigenen Gedanken? Habe ich auch wirklich alle Gründe genannt, warum der Himmel keine Grenzen hat oder könnte mir vielleicht Nadine helfen, andere überzeugendere Gründe zu finden?

Wenn wir uns etwas ausdenken oder Selbstverständliches neu bedenken, dann möchten wir uns mit anderen auch darüber verständigen. Dadurch wird es möglich, eine für uns wichtige Idee in Zusammenhänge einzubetten, sie von mehreren Seiten zu beleuchten oder in verschiedene Mosaiksteine zu zergliedern, um sie dann in neuem Licht zu betrachten oder gar zu verwerfen, wenn sie einer geistigen Prüfung nicht standhält. Derjenige, mit dem wir darüber einen Gedankenaustausch führen, hilft uns durch seine Überlegungen, Ideen in neue Gewänder zu kleiden. Jeder Gesprächsteilnehmer erhält durch einen Dialog eine geistige oder emotionale Bereicherung: er eignet sich neue Informationen an, die seinen bisherigen Wissensstand erweitern – seine Meinung wird durch ein neues Argument gestützt, oder er teilt Freud und Leid mit einem anderen Menschen, wie es ein altes Sprichwort besagt. Oftmals tritt jedoch eine neue Idee in seinen Blickwinkel, die dazu beiträgt, das Labyrinth der Welt mit seinen vielen Lebensformen etwas durchsichtiger werden zu lassen. Diese Transparenz erzielt der Mensch jedoch nicht im Alleingang. Wir müssen neue Erkenntnisse und Ideen auch überprüfen, indem wir sie mit anderen vergleichen und dadurch in unserer Kompaßrichtung bestätigt werden oder aber den Weg zurücklaufen, weil wir festgestellt haben, daß wir uns im Labyrinth verfangen.

Das Gespräch trägt dazu bei, daß wir uns als Menschen zu einem *zoon logon echon* entwickeln: miteinander denken, miteinander reden, miteinander handeln. Durch dieses Miteinander erkennen wir, daß viele andere Menschen, die einer bestimmten Lebensform angehören, die gleichen Meinungen, Überzeugungen, Hoffnungen und Wünsche haben, d. h. sie verfügen über einheitliche rationale, emotionale und handlungsmäßige Grundmuster, die sie als Mitglieder einer bestimmten Lebensform charakterisieren und ihnen eine Orientierung in dieser Lebensform ermöglichen.
Durch Gespräche finden auch Kinder schon sehr früh heraus, welche Grundmuster in ihrer Lebensform wichtig sind und wie sie diese als Kompaß durch das Labyrinth benutzen können. Denn wir werden als Menschen in dieses Labyrinth hineingeboren oder geworfen, wie es oftmals heißt. Und durch Essen, Trinken und Tätigkeiten wie Spielen oder Arbeiten wachsen wir allmählich dort hinein, während uns Denken und Sprechen auf den Wegen des Labyrinths voranbringen – das Miteinander-Denken-und-Sprechen weist die Richtung zum Ausgang.

In diesem Zusammenhang spielt vor allem das reflexive Gespräch eine große Rolle. Es führt uns über die Belange und Probleme des täglichen Lebens hinaus und weitet unseren Blick für das Umfassende, das Ganze, für das, was uns als Menschen und nicht als Einzelwesen auszeichnet. Es ermuntert uns zu erkennen, wie die Wege des Labyrinths miteinander verwoben sind, wo sie sich kreuzen, wo sie in verschiedene Richtungen auseinanderlaufen und schließlich wieder zusammenfinden. Wir konstituieren uns als *zoon logon echon* auf einer höheren Stufe, indem wir weiterfragen, wie die Wege des Labyrinths entstanden sind, wo sie hinführen, und ob es etwas Gemeinsames, Letztes gibt, das ihnen zugrunde liegt. Hat der Himmel ein Ende? Können Blumen glücklich sein? Ist der Hund Dar genausoviel wert wie sein Herrchen?

Diese Fragen führen uns zum eigentlichen Menschsein. Denn wir bestimmen uns durch sie als eine Spezies, die in der Lage ist, sich über die Befriedigung des Lebensnotwendigen hinaus mit weiterführenden fundamentalen Lebensproblemen zu beschäftigen, die unser Dasein als ein verantwortetes Dasein auszeichnen. Nicht das So-Dahinleben zählt, sondern das sinnvolle, gute Leben, das nicht an jeder Wurzel des Labyrinths hängenbleibt. Ohne das Weiterfragen, ohne das Warum des Warums sind wir nur ein *zoon*, da sich im Labyrinth verfängt. Erst die Suche nach dem Darüber-Hinaus macht uns zu einem *zoon logon echon* oder wie Frederick in der Diskussion der Klasse 3a über die Geschichte von dem Hund Dar sagte: „Wir Menschen können doch über uns nachdenken, und das können die Tiere nicht (gemessen an unserem bisherigen Wissensstand). Wir haben doch ein Ziel, wir wollen doch etwas erreichen!"
Und dieses von Frederick hervorgehobene Über-sich-Nachdenken ist keine individuelle Angelegenheit, sondern eine allgemeinmenschliche: wir alle tun dies, mehr oder weniger. Wir haben nicht nur physische, geistige, soziale und kulturelle Bedürfnisse, sondern auch philosophische. Wir fragen und stellen in Frage; wir versuchen die Wurzeln unseres Daseins auszugraben, zu denen wir uns allerdings erst mühsam durch das Labyrinth hindurchwühlen müssen, wie die folgende Diskussion meiner Kindergruppe über Fjodor Abramovs Geschichte „Potomok Dzima" zeigt. Wir sind ein *zoon logon echon*, aber ist unser Leben deshalb mehr wert als das eines *zoon* (ohne weitere Bestimmungen)?

Ich erzählte den Kindern Abramovs Geschichte (sie ist mir nur im Russischen bekannt). Sie berichtet über das Schicksal des Hundes Dar, der in Leningard während der Blockade von seinem Herrchen und Frauchen wie ein Kind großgezogen wurde. Als sein Herrchen ins Krankenhaus muß (er klagte über Hunger und Schwäche), wird die Ehefrau Elena Arkadevna vor die Wahl gestellt, entweder den Hund zu opfern, damit ihr Mann Fleisch bekommt, oder ihren Mann sterben zu lassen und den Hund zu schonen.
Elena opfert den Hund.

Barbara:	Hättet ihr auch so wie Elena gehandelt?
Simone:	Der Hund hat keinen Widerstand geleistet, als der Hausmeister ihn holte. Anscheinend hat er gemerkt, es ging um sein Herrchen, und er wollte sein Herrchen retten. Und ein Hundeleben ist eigentlich nicht so viel wert wie ein Menschenleben.
Kati:	Also, ich würde auch eher meinen Hund opfern, als daß ich z. B. meinen Bruder draufgehen lasse.
Janique:	Simone hat gesagt, daß ein Hundeleben nicht so viel wert ist wie ein Menschenleben. Also, für jemanden, der einen Hund lange Jahre großzieht, dem ist das wahrscheinlich nicht so gleichgültig, einen Hund zu opfern. Warum soll er seinen Hund auch opfern?
Patrick:	Wieso soll eigentlich ein Hundeleben weniger wert sein als ein Menschenleben? Wer bestimmt das?
Kati:	Na ja, ein Hund, der kann nicht denken. Er benimmt sich auch nicht wie ein Mensch. Er könnte z. B. nicht an unserem Gespräch teilnehmen und sich Gedanken über sich selbst machen.
Barbara:	Vielleicht hat er andere Fähigkeiten?
Patrick:	Er kann besser riechen als wir.
Barbara:	Aber denken kann er nicht!
Stefan:	Ein Hund kann sehr gut denken, nur eben anders als wir. Er rechnet nicht, er schreibt nicht, aber er denkt.

Janique:	Und der Geruchssinn der Hunde ist sehr viel mehr wert als der der Menschen. Damit hat z. B. ein Bernhardiner schon mal einen Menschen gerettet. Und warum sollten wir einen Hund, nur weil er nicht denken kann, für einen alten, kranken Menschen opfern?
Sandra:	Ich habe auch einen kleinen Hund zu Hause. Und den könnte ich auch nicht einfach so schlachten lassen. Auf der anderen Seite sind mir meine Eltern sehr lieb... Ich könnte mich einfach nicht entscheiden!
Barbara:	Wie hätte sich denn Elena anders entscheiden können?
Patrick:	Man hätte vielleicht irgend einen Menschen nehmen können...
Kati:	Man hätte von einem Toten, die es ja während des Krieges in Leningrad gab, Fleisch nehmen können. Wenn das gehen würde, dann würde es überhaupt keine Probleme geben!
Patrick:	Ich würde das nicht fertigbringen, einen Hund zu töten, um einem Menschen sein Fleisch zu geben...
Ole:	Aber du ißt ja auch Schweinefleisch und so...
Stefan:	Das sind ja Tiere, die man speziell dafür züchtet, die man in rauhen Mengen hat. Aber Hunde sind ja kein Schlachtvieh, das sind ja eigentlich Haustiere, von denen man sich so etwas wie Freundschaft erwartet. Die kann man nicht essen!
Nina:	Ich finde, man kann gar nicht sagen, daß ein Hund oder ein Schwein weniger wert ist als ein Mensch. Das sind ja alles Lebewesen, die woll'n ja alle leben. Wenn wir uns jetzt vorstellen würden, wir wären die Hunde, und die Hunde wären die Menschen, und die Hunde würden dann einfach so sagen: „Na, die Menschen, wozu taugen die denn? Die können nicht so gut riechen wie wir, na dann schlachten wir sie mal, dann haben wir genug zu essen!"

Simone: Und trotzdem ist das für mich ein unannehmbarer Gedanke, meinen Hund zu behalten und meine Eltern sterben zu lassen. Sie haben mich ja schließlich großgezogen.

Patrick: Aber der Hund Dar wurde ja auch wie ein Kind großgezogen und dann spielt es doch keine Rolle, ob er ein Tier oder ein Mensch ist. Die beiden Alten hatten ihn ja so lieb wie einen Menschen. Ich hätte einfach die Sache so laufen lassen wie sie läuft. Entweder der Mann überlebt oder er stirbt – das regelt die Natur!

Janique: Und außerdem erzählt ja der Dichter am Schluß, daß die beiden kurz nach dem Krieg sowieso gestorben sind, sozusagen aus Kummer darüber, daß der Hund nicht mehr da war. Was hat Elenas Rettungsaktion also gebracht?

Gespräch über diese Geschichte in der Klasse 3a

Barbara: Der Arzt hatte zu Elena gesagt, ihr Mann brauche Fleisch, sonst würde er sterben. Stellt euch vor, ihr wärt Elena!

Svenja: Ich würde auf Rehjagd gehen.

Chor: Oder Hasenjagd.

Barbara: Das geht nicht, weil es ja keine Rehe und auch keine Hasen mehr gibt – alles Eßbare in der Stadt ist aufgebraucht.

Freddi: Da gibt es nur eine Möglichkeit: man muß den Hund töten, obwohl das eigentlich ungerecht ist. Aber es muß sein!

Svenja: Wenn der Hund aber nun zu klein ist, und der Mann noch mehr Fleisch braucht, stirbt er trotzdem und der Hund ist umsonst tot.

Miriam: Aber wenn der Hund tot ist, kann man doch ein Andenken an ihn behalten – das Fell oder den Schwanz.

Svenja: Da hat man doch nichts von, wenn der Hund tot ist,

	dann kann man ihn auch so im Gedächtnis behalten.

André: Viele Menschen verhungern. Man kann warten, bis ein anderer Mensch stirbt, und Pjotr könnte dann das Fleisch von ihm essen.

Shima: Es soll nicht der Hund und auch nicht der Mann sterben. Sie sollen in ein anderes Land gehen, wo es Essen gibt, auch wenn das ein schwerer Weg ist. Wir mußten auch ein schweren Weg gehen, um aus dem Iran herauszukommen.

Nadine: Man könnte mit dem U-Boot fahren.

Svenja: Oder durch den See tauchen, denn wenn ein Mensch tot ist, kann man das Fleisch nicht mehr essen, André!

Freddi: Man könnte eine Annonce aufgeben. Vielleicht braucht ein anderer Mensch seinen Hund nicht mehr, oder er opfert für Pjotr sein Leben, weil er selbst leidet.

Edin: Alle sterben einmal, Hunde und Menschen. Man muß es so lassen, wie es kommt und nicht den Hund einfach töten.

Miriam: Eltern mögen meistens ihr Kind mehr als ihren Mann. Der Hund in der Geschichte wurde ja wie ein Kind großgezogen, man soll ihn nicht töten. Der Mann muß sterben, denn er ist krank. Der Hund ist nicht krank!

Freddi: Wenn der Mann aber nun berühmt wird? Der Hund kann nicht berühmt werden.

Lehrerin: Sollen nur alle berühmten Menschen über*leben?*

Freddi: Nein, andere Menschen auch. Aber ein Hund ist etwas anderes. Ein Mensch kann mehr erreichen als ein Hund!

Daniele: Der Hund wird vielleicht dadurch berühmt, daß er sich für den Mann opfert.

Freddi: Wenn der Mann tot ist, kann er nichts verdienen. Dann hat seine Frau auch kein Geld und nichts zu essen.

Shima:	Aber der Mann ist schon alt, und der Hund ist noch jung!
Yvonne:	Ja, mein Papa ist auch schon 42 Jahre alt, und ich bin erst 9 Jahre. Mein Papa hat schon viel mehr vom Leben gehabt als ich!
Freddi:	Aber der Hund kann nicht so viel erreichen wie ein Mensch. Er kann z. B. nicht Präsident werden!
Barbara:	Fragen wir doch einfach mal Frau A. (Lehrerin) und Jasmin (Studentin).
Lehrerin:	Für mich ist das keine schwierige Entscheidung. Der Mensch ist einzigartig, und deshalb ist für mich ein Menschenleben mehr wert als das Leben eines Tieres.
Freddi:	Aber eigentlich – warum ist denn das Leben eines Tieres nicht so viel wert wie ein Menschenleben? Ein Hund ist doch auch einzigartig!
Edin:	Und außerdem haben die beiden Alten den Hund doch genauso lieb wie einen Menschen!
Jasmin:	Für mich ist das eine schwere Entscheidung! Ich habe selbst eine Katze gehabt, die ich sehr lieb hatte. Wenn mich die anderen Menschen nicht verstanden haben, so hatte ich immer das Gefühl, die Katze würde mich verstehen. Ich glaube, ich finde die Idee am besten zu warten, bis ein anderer Mensch gestorben ist."

(Barbara erzählt die Geschichte zu Ende)

Miriam:	Warum sind denn Pjotr und Elena am Schluß der Geschichte auch gestorben?
Yvonne:	Weil sie kein Essen hatten.
Nadine:	Weil sie ganz alt waren.
Edin:	Weil sie traurig waren, daß der Hund gestorben ist. Sie haben nicht mehr über den Hund gesprochen, aber sie haben einen Jungen mit einem Hund gesehen.
Freddi:	Sie sind vor Kummer gestorben.
Barbara:	Wer ist denn mehr wert, ein Mensch oder ein Hund?

138

Edin: Ein Mensch oder ein Hund? Für mich ist ein Tier ein bißchen mehr wert als ein Mensch. Es gibt nämlich viel mehr Menschen als Tiere!

Freddi: Aber nur eine Mutter und einen Vater!

Miriam: Ein Tier kostet Geld in der Tierhandlung, ein Baby kostet nichts!

Freddi: Aber das Baby braucht doch Essen und Anziehsachen. Im ganzen Leben kostet es bestimmt 500 000 DM. Ein Tier braucht nur ein bißchen Essen.

Edin: Ja, ja, Freddi, aber eine Hundemutter möchte ihr Kind auch nicht weggeben. Tiere sind sehr wichtig!

Shima: Aber Menschen sind wichtiger. Wir haben einmal Fische gehabt, die haben ihre eigenen Babies gegessen, das machen Menschen nicht!

Daniele: Tiere und Menschen sind gleich viel wert. Wenn Tiere sterben müssen, soll kein Mensch für sie sterben. Wenn Menschen sterben müssen, soll kein Tier für sie sterben.

Edin: Tiere sind wichtiger! Menschen bringen sich gegenseitig um und außerdem verschmutzen sie die Umwelt!

Freddi: Tiere bringen sich nicht mit Absicht um. Sie müssen es tun für ihre Nahrung. Es ist ihr Instinkt. Sie können nichts dafür.

Edin: Und Menschen tun das mit Verstand.

Der Einfluß des reflexiven Fragens und Miteinander-Sprechens auf die Persönlichkeitsentwicklung von Kindern

> *Denken ist es doch gerade,*
> *was einen stark macht!*
>
> *Janique, 8 Jahre*

Sokrates: *Mir scheint, daß diejenigen, welche sich von Jugend auf an den Gerichtsstätten oder dergleichen aufhalten, im Vergleich mit denen, welche bei den Wissenschaften und in solchen Beschäftigungen erzogen werden, wie Knechte erzogen sind im Vergleich mit Freien.*

Theodoros: *Inwiefern doch?*

Sokrates: *Insofern jenen das, was du eben nanntest, die Muße, niemals fehlt, und sie ruhig mit Muße ihre Untersuchungen anstellen... wenn sie nur das Wahre treffen. Die andern aber reden teils immer im Gedränge, denn es treibt sie zur Eile das Wasser, welches abfließt, und läßt ihnen nicht zu, worüber sie am liebsten möchten Untersuchungen anstellen, sondern der Gegner steht dabei und hält sie in Zwang und liest zur Überprüfung einen Abriß der Punkte, über deren Grenzen hinaus sie nichts reden dürfen.*

Platon (Theaitetos)

Unsere alltäglichen Gespräche – Platon bezieht sich im obigen Zitat auf das Reden im Gerichtssaal – vollziehen sich meistens unter Zeitbedrängnis oder Sachzwang: Wir wollen irgend etwas so schnell wie möglich erreichen.

Reflexive Gespräche richten sich demgegenüber nach den Interessen der Teilnehmer, und sie erfordern Muße. Diese galt den griechischen und römischen Philosophen als Bedingung wissenschaftlichen und künstlerischen Arbeitens, im Sinne des Freiseins von zweckgerichteter Tätigkeit, d. h. von Erwerbstätigkeit und von Aktivitäten, die sich lediglich durch ihre Ziele und Ergebnisse rechtfertigen lassen. Wenn wir dieses Freisein auf die Beschäftigung mit reflexiven Fragen übertragen, so finden wir in erster Linie den Spaß am Herumrätseln, Nachforschen und Miteinanderreden wichtig. Es muß Vergnügen bereiten, an den Bausteinen der Welt zu rütteln – genauso wie es Vergnügen bereitet, die Legosteine im Kinderzimmer zu verschieben, übereinanderzusetzen, einzureißen und schließlich neu zu kombinieren.

Kinder stellen viele Fragen, die das Weltgehäuse betreffen – diesen Ausdruck habe ich von dem Philosophen Karl Jaspers übernommen – sie bohren am Drum-Herum und am Dahinter unseres Daseins. Und wir Erwachsenen müssen ihnen die Möglichkeit geben, in dieses Gehäuse einzudringen, ohne daß sie dafür in irgendeiner Weise und sei es durch einen Abriß der Punkte belohnt oder motiviert werden. Sie sollten vielmehr erkennen, daß ihr natürlicher Drang, das Weltgehäuse und seine Bausteine auseinanderzunehmen, eine Tätigkeit ist, die sie über das Alltägliche, Zweckgerichtete hinausführt und sie als *zoon logon echon* auszeichnet.

„Wenn wir in der Schule zusammensitzen und über den Zauberer von Oos sprechen", sagt Jenny, „dann versinken wir im Zauberland und sind eigentlich gar nicht mehr im Kinderzimmer. Wir kriegen dann auch keine Zensuren und so..."

Wir Erwachsenen haben oftmals keine Zeit und keine Lust für das nichtzweckgerichtete Vergnügen des Am-Weltgehäuse-Bohrens, das uns emporhebt, über das von Platon beschriebene alltägliche Gedränge hinaus, und unseren Blick von der unmittelbaren Lebenswirklichkeit weiterführt. Wir verkennen allzu schnell, daß reflexive Gespräche dazu beitragen, unseren Geist in Bewegung zu halten und ihn durch die Wege des Labyrinths zu schicken. Und wenn wir Kindern die Möglichkeit vorenthalten, untereinander oder mit uns Erwachsenen in das Labyrinth einzudringen und über fundamentale Lebensprobleme zu sprechen, so führt dies zu einer Entwicklung, die bei den unmittelbaren Lebensbedürfnissen stehenbleibt. Das Leben schlängelt sich dann blind, zufällig und willkürlich durch das Labyrinth dahin, aber ob es auch ein gutes Leben ist, erscheint dann fragwürdig.

Reflexive Gespräche geben unserem Leben und dem unserer Kinder eine umfassende Dimension. Sie ermöglichen, daß wir die Mannigfaltigkeit der Dinge, Personen und Erscheinungen um uns herum in einem größeren Zusammenhang sehen. Dies läßt sich am eindringlichsten mit Karl Jaspers' Unterscheidung zwischen Dasein und Existenz charakterisieren. Das Dasein umfaßt das bloße, empirische So-sein des Menschen in der Welt, das Dahinschlängeln durch das Labyrinth. Wenn der Mensch jedoch beginnt, sich sein Dasein bewußt zu machen, indem er die Grenzen des Unmittelbaren und Gegenständlichen überschreitet und in das Weltgehäuse hineinblickt, dann vergegenwärtigt er sich hinter den zufälligen Gegebenheiten des Lebens das Allgemeine und gelangt zur Existenz. Er lebt dann als Persönlichkeit ein verantwortetes Dasein, indem er nach den allerletzten Gründen sucht, die sich im Weltgehäuse verbergen, im Sinne des Goetheschen Ausspruchs: Werde, was du bist!

Und dieses Selbstwerden, das bewußte Fixieren des eigenen Standpunktes, führt nicht nur zur Auseinandersetzung mit der Welt und anderen Menschen, sondern auch zu einer selbstreflektierenden Einstellung, zum Nachdenken über die eigenen Wünsche, Vorstellungen, Handlungen und Motive: Wer bin ich? Warum kann ich nicht ein anderer Mensch werden? Warum und wozu bin ich geboren worden? Wohin läuft mein Leben? Was wäre passiert mit mir, wenn ich in Afrika geboren worden wäre? Wäre ich dann auch der oder die, welche ich hier und jetzt bin? Wie würde ich sein, wenn ich ein Mädchen oder Junge wäre?

Diese Auseinandersetzung mit der eigenen Persönlichkeit, mit dem eigenen Verhalten und den bisherigen Wertvorstellungen, wird durch das reflexive Gespräch gefördert: Warum haben die anderen Kinder meine Meinung nicht akzeptiert? Warum konnte ich sie nicht von meiner Meinung überzeugen? Wieso haben sie Simones Argument besser gefunden? Warum habe ich mich nicht getraut, in diesem Moment meine Meinung zu sagen? Warum habe ich Stefan nicht gesagt, daß er die anderen auch mal 'was sagen lassen soll? Wieso habe ich Janique nicht gesagt, daß sie andere ausreden lassen soll? Wieso bin ich zu Dennis immer so aggressiv?

Nach meiner Auffassung sollten wir diese Form der Selbstreflexion von Kindern fördern, denn die Erfahrung hat uns gelehrt, daß wir Erwachsenen immer erst dann damit beginnen, wenn wir in Krisensituationen geraten, die uns zu erdrücken drohen. Und dann benötigen wir zu unserem Rechenschaft-Geben einen erheblich größeren Kraftaufwand, der bis zu therapeutischer Hilfe führen kann. In dieser Hinsicht sollten uns vielleicht die Zauberformeln von Märchen, die dazu dienen, das Handeln von bestimmten Personen unter bestimmten Bedingungen zu hinterfragen, Anleitung zu geben, uns mit uns selbst intensiver auseinanderzusetzen: Was habe ich am heutigen Tag gedacht, gefühlt, getan? Warum habe ich so gedacht, gefühlt und gehandelt? Warum hatte ich plötzlich so starke Gefühlsausbrüche? Wie beurteile ich mein Verhalten? Worauf lege ich großen Wert? Gibt es eigentlich feste Regeln, nach denen ich mich richten will?

Wenn wir ab und zu unseren Kindern diese reflexiven Fragen stellen, so regen wir sie an, bewußter, d. h. reflektierter mit sich und anderen umzugehen, zumindest geben wir ihnen den Anstoß dazu.
Ein reflexives Gespräch fördert jedoch nicht nur eine selbstreflektierende Einstellung. Die Gesprächspartner erhalten gleichzeitig die Möglichkeit, ihre Überlegungen an denen anderer zu erproben, sich mit ihren positiven und negativen Bewertungen auseinanderzusetzen und die Meinungen anderer zu kritisieren, d. h. sie entwickeln auch kommunikative Fähigkeiten. Kinder lernen im Gespräch mit den Eltern, den Spielgefährten oder den Lehrern, andere Menschen zu respektieren, ihnen zu-

zuhören, sie ausreden zu lassen, ihre Ansichten ernst zu nehmen – sie zu tolerieren, auch wenn sie nicht mit den eigenen Überzeugungen übereinstimmen. Sie werden sensibel dafür, daß jeder Mensch seine eigenen Wertvorstellungen entwickelt und entscheidet, was für ihn wichtig oder unwichtig ist. Diese Fähigkeit, die sich in einem langen Prozeß herausbildet, ermöglicht Kindern, sich in ihrem Umfeld (Familie, Schule, Spielplatz) argumentativ zu behaupten und zur Lösung eines Konflikts eventuell auf den Einsatz der Fäuste zu verzichten, wie dies Janique in dem folgenden Gespräch verdeutlicht:

Janique: Mama, möchtest du lieber ein Mensch oder ein Esel sein?

Barbara: Ein Esel!

Janique: Hm, warum denn ein Esel?

Barbara: (provozierend) Weil ich als Esel nicht denken muß!

Janique: Ja, aber das Denken ist es doch gerade, was einen stark macht. (Holt tief Luft). Also, das verstehe ich nicht. Wenn man denkt, kann man sich doch wehren, dann muß man nicht immer alles machen, was die anderen wollen... Wenn ich noch an den armen Esel in Soulac denke, dem sie zwei Mohrrüben vors Gesicht gebunden hatten, nur damit er weitergeht... Und wie der dann immer danach schnappte... Er konnte natürlich nicht sagen, warum er nicht laufen wollte.

Barbara: Und warum muß man, wenn man nicht denkt, immer alles machen, was die anderen wollen?

Janique: Ja, weil die sich dann ausdenken, was man machen soll!

Janique: Wenn du jetzt sagst, ich soll ins Bett gehen, und ich will das noch nicht, dann rede ich so lange mit dir, bis du das kapierst. Der Esel kann das nicht! (Kleine Pause). Ich glaub übrigens nicht, daß du ein Esel sein willst; du sagst ja sonst auch immer, ich soll erst einmal nachdenken und so...

Barbara: Ich will auch kein Esel sein! Ich hab' das bloß mal so gesagt, weil ich wissen wollte, ob du einer sein willst.

Janique: Ganz schön fies!

Janique hat gut beobachtet, daß wir Menschen uns verständigen können, während sich die Kommunikation zwischen Mensch und Tier unter der Herrschaft des Menschen vollzieht, d.h. sie findet nicht statt, denn der Esel muß sich dem Willen des Menschen beugen, ohne daß er seine Wünsche verständlich machen kann.

So wie Janique stoßen Kinder tagtäglich auf Antinomien, die unser Dasein kennzeichnen. Es handelt sich dabei um Widersprüche in der Natur (Hell/Dunkel – Leben/Tod), in der Gesellschaft (Gut/Böse – Ordnung/Unordnung) und um Widersprüche im Menschen selbst: heute hab' ich gute Laune/gestern hatte ich schlechte Laune; heute bin ich lieb, während ich gestern Wutausbrüche hatte.

Reflexive Gespräche schärfen die Sensibilität der Kinder für die antinomische Struktur des Daseins. Sie verhindern, daß Kinder in ein Glashaus gesetzt werden, das beim ersten Windstoß aus den Fugen kippt, weil die Welt immer nur als gerecht, gut und paradiesisch dargestellt wird, eingepackt durch das elterliche Bemühen, alles Böse von den Kindern fernzuhalten. Der Mensch kann die Widersprüche in seinem Dasein nicht überwinden, deshalb sollte er sich ihnen stellen. Denn jemand, der gelernt hat, sich mit Widersprüchen auseinanderzusetzen, ist in der Lage, eine Situation, einen anderen Menschen oder sich selbst differenziert zu betrachten, nach dem Motto: Jedes Ding hat zwei Seiten, eine gute und eine schlechte, die auch ihre Rollen tauschen können, je nachdem, welchen Standpunkt jemand einnimmt:

Dennis (12 Jahre): Wenn ich vom Flugzeug aus auf mein Haus schaue, ist es klein, aber wenn ich direkt davorstehe, dann ist es groß.

Frederick (9 Jahre):	Das ist genauso mit dem Elefanten im Zoo. Wenn man direkt am Zaun steht, ist der Elefant groß, geht man aber 100 Meter zurück, dann ist er klein.
Janique (13 Jahre):	Ja, mein lieber Freddi, und wenn du mir jetzt einen von deinen Kaugummis abgibst, dann bist du lieb. Vorhin aber hätt' ich dich an die Wand klatschen können, weil du mein Zimmer in ein Chaos verwandelt hattest.
Mutter (kommt..):	So geht's mir mit euch ständig. Mal seid ihr zuckersüß und räumt eure Zimmer auf, spielt miteinander, und dann brüllt ihr euch an wie die Affen im Zoo.
Janique:	Hahaha. Und was meinst du, wie's uns mit dir geht? Hast du darüber auch schon mal nachgedacht?

Das hab ich, liebe Janique, denn in meinem Leben gibt es genauso wie in eurem einige *besinnliche Augenblicke*: Durch die reflexiven Gespräche mit euch und anderen Menschen kommen mir wichtige Gedanken in den Sinn, wie z. B. die Frage, ob das Leben des Hundes Dar aus der Geschichte von Fjodor Abramov (siehe auch Seite 134) genausoviel wert ist wie das Leben seines Herrchens. Diese Frage und viele andere geraten oft in meinen Blickwinkel, und ich finde immer neue Argumente dafür, aber auch dagegen.

Ein Leben ohne besinnliche Augenblicke ist ein gehetztes, gedankenloses Leben. Und deshalb führen reflexive Gespräche immer wieder zu Inseln der Muße, die wir in unserem Lebensfluß benötigen, um nicht nach allen Seiten wegzuschwimmen, während das Ufer in immer weitere Ferne abrückt.

Auch Kinder brauchen diese Besinnungsaugenblicke. Sie geben ihnen Kraft, über wichtige Dinge, wie z. B. Leben und Tod, Gut und Böse etc. nachzudenken. Und im Angesicht dieser wichtigen Fragen wird manche Fünf oder ein gebrochenes Bein zu einem kleinen Wassertropfen im großen Meer.

Die Bereitschaft zur vernünftigen Auseinandersetzung – muß der kritische Bürger eine Utopie bleiben?

Sokrates: *Muß nun nicht, wo gut und schön soll geredet werden, des Redenden Verstand die wahre Beschaffenheit dessen erkennen, worüber er reden will?*

Phaidros: *So vielmehr habe ich immer gehört, lieber Sokrates, wer ein Redner werden wolle, habe nicht nötig, was wahrhaft gerecht sei, zu lernen, sondern nur was der Volksmenge, welche zu entscheiden hat; so scheint, ebenso auch nicht, was wahrhaft gut sei oder schön, sondern nur was so scheinen werde; denn hierauf gründe sich das Überreden, nicht auf der Sache wahre Beschaffenheit.*

Platon (Phaidros)

In der von Phaidros beschriebenen Kommunikationsregel wird die Suche nach der Wahrheit sogenannten Scheinargumenten und der Konsens, d. h. die Übereinkunft zwischen den Gesprächspartnern, der Überredungskunst geopfert, damit der (Über)redende den gewünschten Erfolg erzielt. Würde dieses Konzept zur Regel unseres kommunikativen Verhaltens, dann brauchten Kinder nur einige Kommunikationstechniken erlernen, und beim nächsten Streit auf dem Spielplatz oder in der Schule hieße ihre Devise: Wer kann am besten seine Mitschüler oder seine Eltern mit Scheinargumenten überreden, um seine eigenen Ziele und Wünsche anderen gegenüber durchzusetzen?

Reflexive Gespräche tragen sicherlich dazu bei, daß sich Kinder bestimmte kommunikative Fertigkeiten wie die Analyse von abstrakten Begriffen oder elementare Techniken des Begründens aneignen, sie bewirken jedoch auch, daß sich die Gesprächspartner an der Suche nach der Wahrheit orientieren, d. h. etwas herausfinden oder entdecken wollen und beispielsweise lernen, zwischen ernsthaften und scheinbaren Äußerungen und

Argumenten zu unterscheiden. Unter Ernsthaftigkeit bzw. Wahrhaftigkeit verstehe ich in diesem Zusammenhang, daß gemeinsames Nachdenken dazu führt, gegebene Versprechen einzuhalten, Behauptungen mit guten Gründen und nicht mit Fäusten zu verteidigen, Schaden von anderen Menschen abzuwenden und Meinungen nicht mit Scheinargumenten durchzusetzen, nur um dem Volk oder den Spielgefärten zu gefallen, wie Phaidros in Platons Dialog bemerkt. Dazu gehört auch, daß jeder Gesprächsteilnehmer die Absichten und Ziele seines Handelns offenlegt und nicht mit verdeckten Karten spielt, wie das oftmals in Alltagssituationen geschieht: böswillig die Unwahrheit sagen, Gründe verschweigen, Spielkameraden gegeneinander ausspielen oder verhindern, daß Konfliktpartner ihre Argumente vorbringen können, um den eigenen Vorteil zu wahren.

In einem reflexiven Gespräch lernen Kinder nicht nur, über schwierige Fragen nachzudenken und gemeinsam nach einer Lösung zu suchen. Sie kommen, vor allem in einer Gruppe, oftmals in Konfliktsituationen, weil verschiedene Gesprächspartner verschiedene Absichten und Meinungen vertreten, die sich nicht immer unter einen Hut bringen lassen, d. h. die rationale Prüfung von Argumenten bezieht sich nicht nur auf die ungeklärten Fragen, sondern auch auf das Verhalten der Gesprächsteilnehmer. Diese müssen auch lernen, offen ihre Ziele, Absichten und Argumente miteinander zu reflektieren. Dies geschieht jedoch nicht im Selbstlauf, sondern als eine Art Prozeß: alle Beteiligten sollten sich dabei auch über ihr Verhalten und das der anderen Gedanken machen, wie dies in der folgenden Diskussion über die „Unendliche Geschichte" von Michael Ende zum Ausdruck kommt, die sich spontan als eine Art Begleitgespräch zu einem reflexiven Dialog entwickelte:

Oliver: Ich spiele den Atréju!
Janique: Ich finde es nicht gut, daß du den Atréju spielst!
            Warum denn du; gibt's dafür besondere Gründe?
Antje: Immer muß Oliver alle guten Rollen spielen!

Nina:	Wieso eigentlich er? Wir haben doch noch gar nicht festgelegt, wer welche Rolle spielt!
Janique:	Oliver hält sich doch nie an die Regeln, wenn er nicht der Anführer ist! – Und jetzt guckt er schon wieder beleidigt.
Barbara:	Und das ärgert dich?
Oliver:	Ich spiel jetzt lieber doch nicht mit!
Janique:	Seht Ihr...

An dieser Stelle wäre sicherlich das Gespräch zu Ende gewesen, Oliver hätte entweder die Lieblingsrolle gespielt oder sich zurückgezogen bzw. hätten ihn die anderen wahrscheinlich vom Spielen ausgeschlossen, denn oftmals bemühen sich Kinder nicht, die Geduld aufzubringen, *Spielkonflikte* zu lösen. Deshalb verbinde ich mit den reflexiven Gesprächen auch die Hoffnung eines argumentativen Umgangs mit den eigenen Problemen, die Herausbildung einer Gesprächskultur im allgemeinen.

Barbara:	Wieso bist du jetzt beleidigt, Oliver?
Nina:	Warum willst du denn unbedingt den Atréju spielen?
Oliver:	Weil ich der Schnellste bin!
Antje:	Ja, aber Schnellsein ist doch kein Grund, um Atréju zu spielen... Da muß man doch gut sprechen können und sich viele Sätze merken...
Ole:	Woran merkst du eigentlich, Oliver, daß du der Schnellste bist, wir machen hier doch kein Wettrennen!
Oliver:	Dich besieg ich doch immer auf dem Schulhof! Und der Atréju muß doch schnell sein, Antje, weil er ja vor dem Nichts flüchten muß.
Nina:	Das können wir hier im Zimmer sowieso nicht gut spielen... (Schweigen)
Barbara:	Tja, Oliver, es scheint so, wenn ich mir mal die ratlosen Gesichter anschaue, daß deine Begründung, Atréju müsse schnell sein, von den anderen Kindern nicht so recht akzeptiert wird.

Oliver:	Warum soll ich denn nicht den Atréju spielen? Ich kann mir auch gut Sätze merken und so...
Chor:	Das können wir auch...
Barbara	und Ole rufen gleichzeitig: Wer will den Atréju spielen?
	(Fünf Kinder melden sich)
Nina:	Dann laßt uns doch abstimmen, ehe wir noch lange reden!
Janique:	Ich bin gegen Oliver...
Oliver:	Aber ich bin auch tapfer, Nicki. Du weißt ja, als ich gestern hingeflogen bin, hab' ich nicht geheult... und das hat geblutet!
Antje:	Nadine ist auch tapfer; und außerdem spricht sie laut und sieht dem Atréju sogar noch ähnlich... und kann tolle Grimassen schneiden; sie ist als Schauspielerin einfach gut.
Chor:	Ja, Nadine soll spielen...
	(Die Abstimmung ergibt sechs Stimmen für Nadine, zwei für Oliver)
Barbara:	Oliver, akzeptierst du die Entscheidung, daß Nadine spielt? Ich schlage vor, daß du vielleicht den Engywuck spielst, der ist ein kluger Mann.
	(Oliver nickt zögernd)

(Nadine hat sich an dem Gespräch nicht beteiligt; sie war mit einer Zeichnung beschäftigt. Die Kinder kamen auch nicht auf die Idee, sie an der Auseinandersetzung zu beteiligen, da sie sich in eine Ecke zurückgezogen hatte. Sie akzeptierte im nachhinein die Entscheidung, Atréju zu spielen.)

Das kommunikative Problem dieses Gesprächsbeispiels besteht, wie bei den meisten Spielen darin, daß sich die Kinder nicht einigen können, wer welche Rolle spielt. Eltern, Erzieher und Lehrer kennen diese Situation allzu gut. Während Oliver, Janique und Antje ihre Absicht bekunden, Atréju zu spielen, versucht Nina den Konflikt zu entschärfen, indem sie ihre Bereitschaft zu einem Konsens andeutet: laßt uns entscheiden, wer spielt. Sie fordert Oliver in einer heiklen Situation auf zu begründen, warum er den Atréju spielen will – oftmals verzichten Konfliktpartner in aussichtslosen Verstimmungen auf diese Möglichkeit. Oliver, der ansonsten sehr heißspornig ist, nutzt diese Möglichkeit und expliziert nochmals offen seine Absicht, die er mit dem Argument der Schnelligkeit rechtfertigt: ich bin der Schnellste!

Und Antje widerspricht ihm nicht sofort – du bist doch nicht der Schnellste – sondern prüft Olivers Grund: Ist Schnelligkeit ein rechtfertigbarer Grund, die Rolle des Atréju zu spielen oder nicht? Ole hingegen prüft nicht den Grund bezüglich Olivers Absicht, sondern er zweifelt an dessen Wahrheitsgehalt: Woher nimmt Oliver eigentlich die Gewißheit, daß er von allen Kindern, die mitspielen wollen, der Schnellste ist?

Oliver führt daraufhin einen subjektiven Grund an: er ist der Schnellste, weil er auf dem Schulhof Ole immer im Wettrennen besiegt. Dies kann natürlich von den Anwesenden nicht überprüft werden, abgesehen davon, daß Oliver von einem auf alle schließt: Ole zu besiegen bedeutet für ihn, alle zu besiegen.

Oliver versucht, im Laufe des Gesprächs noch andere Gründe für seine Absicht anzuführen. Er akzeptiert aber letztendlich den von Nina vorgeschlagenen Mehrheitsentscheid und willigt in den Konsens ein, daß Nadine den Atréju spielen soll.

Ich meine, daß in diesem Gespräch die von Sokrates gepriesene Wahrhaftigkeit zum Ausdruck kommt – alle Beteiligten machen ihre Absichten transparent: Oliver will Atréju spielen, Janique, Antje und Ole wollen das verhindern, während Nina und Barbara sich bemühen, den drohenden Konflikt zu entschärfen. Alle Gesprächspartner stützen ihre Absichten durch Gründe und versuchen nicht, einander zu überreden, wie sie es in anderen Spielsituationen häufig praktiziert haben: „Nun spiel du doch die Rolle, Nadine, damit Oliver sie nicht bekommt... wenn ich nicht den Atréju spielen darf, dann spielt ihn Oliver auch nicht...“

Die Kinder regeln den Konflikt letztendlich selbst, ohne daß ein Erwachsener – in diesem Fall Barbara – die Entscheidung, wer spielt oder nicht spielt, getroffen hat. Aus welchen Motiven heraus Oliver der Regelung allerdings zugestimmt hat, bleibt unklar. Vielleicht wollte er beweisen, daß Janiques Behauptung, er akzeptiere nicht die Entscheidung anderer, falsch ist. Vielleicht erschien ihm aber auch die Alternative, den Wissenschaftler Engywuk zu spielen, als gleichgewichtig.

Dieser Gesprächsausschnitt, der nur eine Art reflexives Beigespräch darstellt, zeigt, daß die Kinder dieser Gruppe argumentativ gekämpft haben. Oliver hat beispielsweise immer wieder versucht, die anderen durch neue Gründe zu überzeugen. Ich erachte das Prinzip des Überzeugen-Wollens als ein wichtiges Kriterium für ein *zoon logon politikon*; es ist nicht die Überredungskunst gefragt, sondern das argumentative Überzeugen. Oliver hat sowohl die Argumente der Schnelligkeit, der Tapferkeit und des Textlernens angeführt und nicht gleich nach dem ersten argumentativen Fehlschlag sein Vorhaben aufgegeben, was sicherlich einfacher gewesen wäre. Die Beschäftigung mit reflexiven Fragen fördert die Bereitschaft zur argumentativen Auseinandersetzung im täglichen Leben, denn wenn jemand nach guten Gründen für das Ende des Himmels sucht, warum soll er dann nicht nach guten Gründen für das Ende eines Streites suchen, vorausgesetzt er ist daran gewöhnt, überhaupt nach Gründen zu suchen.
Reflexive Gespräche regen Kinder auch an, konsensuelle Übereinkünfte und Ziele anzustreben, d. h. an einem Lösungsvorschlag müssen alle Beteiligten mitarbeiten, nicht nur einzelne Wortführer wie in unserem Beispiel Janique. Dabei treten natürlich Schwierigkeiten auf, denn wer von uns weiß nicht, wie schwer alle unter einen Hut zu bringen sind. Und wie oft haben wir schon die Flinte ins Korn geworfen, wenn wir mit unseren Ansichten keinen Erfolg erzielen konnten? Dennoch sollten wir nicht vergessen, daß die Demokratie nicht erst in der obersten Etage unseres Staatshauses beginnt, sondern bereits auf bzw. mit dem Fundament. Wie soll es Frieden zwischen den Völkern geben, wenn wir nicht einmal Frieden in einer Kindergruppe schließen können? Das Streben nach konsensuellen Zielen, das

unsere politischen Beziehungen oftmals so schwierig macht, entwickelt sich nicht im Selbstlauf, es muß gelernt werden, in der Familie, in der Schule, auf dem Spielplatz.

Ich meine, daß die Fähigkeit, konsensuelle Ziele aufzustellen, eine große praktische Relevanz für die Tätigkeit des Spielens hat: oftmals werden Kinder von einem Spiel ausgeschlossen, weil jeder nur seine eigenen Ziele verfolgt und den anderen nicht die Möglichkeit einräumt, durch Angebote, Alternativen, Abstimmungen und dem Prinzip des Überzeugen-Wollens konsensfähig zu werden. Die Konsequenz führt dazu, daß entweder ein Mitspieler aus der Gemeinschaft ausgeschlossen, oder daß der Konflikt an die Erwachsenen weitergegeben wird, z. B. „Barbara soll entscheiden, wer Atréju spielt". Das Delegieren eines Konfliktes bedeutet für die Kinder, sich ohne große Anstrengung aus einer schwierigen Situation wegzuschleichen, während die Erwachsenen – später sind es dann die Chefs oder Politiker – die Schuldfrage klären oder einseitige sanktionelle Entscheidungen treffen müssen. Diesem Dilemma, das für viele Alltagssituationen im großen wie auch im kleinen charakteristisch ist, soll die Orientierung an der Wahrhaftigkeit entgegenwirken. Ich bin selbst verantwortlich für das, was ich tue und sage, und ich muß mich mit meinen eigenen Argumenten dafür einsetzen.

In diesem Sinn bewirken reflexive Gespräche die allgemeine Emanzipation des Menschen: wir werden zum *zoon logon echon politikon*, wenn wir lernen, uns argumentativ mit anderen Menschen zu verständigen und die Autoritätsgläubigkeit, die Daseinsweise *des kleinen Mannes* überwinden. „Vielen Politikern ist ihr heilloser Betrieb leichter", schreibt der Philosoph Karl Jaspers, „wenn die Philosophie gar nicht da ist. Massen und Funktionäre sind leichter zu manipulieren, wenn sie nicht denken, sondern nur eine dressierte Intelligenz haben" [40]. Das eigene Nachdenken versetzt uns Menschen in die Lage, komplexe gesellschaftliche Zusammenhänge, Strukturen, Hierarchien zu durchschauen, um an deren Veränderung mitzuwirken. Es führt zur Entwicklung von Selbstvertrauen in die eigenen

Kräfte und Kompetenzen. Häufig vergessen wir nämlich, daß der mündige Bürger nicht erst mit 18 Jahren aus dem Nichts entsteht, sondern sich schon in der Kindheit entwickelt. Und Mündigkeit bedeutet vor allem Überwindung von Autoritätsgläubigkeit und Anpassungsverhalten – ich tue immer nur das, was von mir verlangt wird, weil dies der bequemste Weg ist, in der Gesellschaft durchzukommen. Viele vergessen jedoch dabei, daß die Herausbildung, Rechtfertigung und Veränderung der eigenen Meinung, des eigenen Weltbildes nicht einem Spezialisten in Auftrag gegeben werden kann, so wie man seine Schuhe mal eben kurz zur Reparatur bringt.

Um sich im Labyrinth der Welt zurechtzufinden, muß jeder seinen eigenen Kopf anstrengen; und reflexive Gespräche sind mühsam und anstrengend, aber auch erfrischend, spannend und rätselumwittert. Sie führen uns über den alltäglichen Horizont hinaus und stärken unser Selbstvertrauen und unsere kommunikativen Fähigkeiten.

Der russische Schriftsteller und Philosoph Vladimir Odoevskij hat bereits im 19. Jahrhundert in seinem Romanfragment „Das Jahr" die Vision einer neuen Gesellschaft konzipiert, der er u. a. eine Schule für Staatsmänner zugrunde legte[41]. Dort sollten sich die Politiker nicht etwa Kenntnisse in Ökonomie oder Menschenführung aneignen, sondern gemeinsam erst einmal über die wirklich wichtigen Fragen im Leben nachdenken, bevor sie sich dann den politischen Tagesgeschäften widmen. Eine Utopie, werden Sie jetzt vielleicht sagen! Ich meine, daß wir diese Utopie längst eingeholt haben, wenn Schüler einer dritten Klasse gemeinsam darüber nachdenken, ob ein Hundeleben genausoviel wert ist wie ein Menschenleben, oder ob es einen *kleinen Weg zum Frieden* gibt.

5
Anstelle einer Schlußbemerkung

Auszug aus einem Gespräch zwischen Müttern meiner Kindergruppe

Sigrid: Mir ist nicht so richtig klar, wie man mit Philosophie die Welt, die Gesellschaft verändern kann?

Sirpa: Ja, aber die Ideen, die Vorstellungen, wie die Welt verändert werden kann, das leistet doch die Philosophie...

Barbara: Was meint ihr denn, warum ich mit unseren Kindern philosophiere?

Marlis: Damit sie lernen, besser nachzudenken, zu begründen und sich selbst vielleicht auch kritischer sehen... und uns natürlich auch, aber – ob sie die Welt verändern werden?

Sirpa: Aber, wenn man etwas verändern will, muß man sich erst einmal Gedanken machen, und wenn man lernt zu argumentieren, dann kann man davon auch im Leben profitieren. Ich glaube, eines unserer wichtigsten Probleme in unserer Gesellschaft ist es, daß wir gar nicht gelernt haben, miteinander zu reden!

Barbara: Und miteinander nachzudenken, denn durch die Fragen unserer Kinder kommt in den Diskussionen auch mein Geist in Bewegung.

Marlis: Und mit welcher Spontaneität und Hartnäckigkeit unsere Kinder fragen, und auf welche Ideen die kommen; mal woll'n sie wissen, ob es Geister wirklich gibt und dann wieder, wo die Gedanken in unserem Kopf herkommen. Und sie lassen nicht locker, bis man sich hinsetzt und mit ihnen darüber redet.

Sirpa: Also, wo die Gedanken herkommen und wie sie sich entwickeln, darüber denke ich auch oft nach. Man betrachtet Gedanken zwar als eine Selbstverständlichkeit, aber wieso eigentlich?

Barbara: Und diesen Selbstverständlichkeiten des Lebens will ich mit unseren Kindern auf den Grund gehen. Sie wollen ganz genau wissen, warum ihnen so viele Fragen durch den Kopf schwirren, und sie entwickeln bei ihren Entdeckungsreisen durch das Labyrinth der Welt mehr Ausdauer als ihr ahnt!

6
Anmerkungen

1. Vgl. hierzu u. a.: **J. Bruner:** Studien zur kognitiven Entwicklung, Klett, Stuttgart 1971. **N. S. Lejtes:** Geistige Fähigkeiten und Altersbesonderheiten, Volk und Wissen, Berlin 1974.

2. K. Jaspers: Psychologie der Weltanschauungen, Verlag Julius Springer, Berlin 1919, S. 136.

3. Vgl. I. Kant: Kritik der reinen Vernunft, Philipp Reclam jun., Leipzig 1979, S. 514 – 520.

4. K. Jaspers: Einführung in die Philosophie, Piper, München 1973, S. 21.

5. Vgl. R. Reed: Kinder möchten mit uns sprechen, Verlag für Kinder und Eltern, Hamburg 1990.

6. L. Wittgenstein: Philosophische Untersuchungen, Suhrkamp, Frankfurt 1977, S. 15.

7. Vgl. S. Toulmin: Der Gebrauch von Argumenten, Scriptor, Kronberg Ts. 1976.

8. H. Schnädelbach: Philosophische Argumentation, in: H. Schnädelbach/E. Martens (Hrsg.), Philosophie – Ein Grundkurs, Rowohlt Verlag, Hamburg 1985, S. 500.

9. Demokrit, in: W. Capelle (Hrsg.), Die Vorsokratiker, Kröner, Stuttgart 1968, S. 433/34.

10. Vgl. B. Brüning: Robin Hood und die Eistorte, in: Leben und Erziehen, Heft 7/1989, S. 12/13.

11. Vgl. G. B. Matthews: Philosophische Gespräche mit Kindern, Freese, Berlin 1989, S. 24.

12. Vgl. U. Bromberger: Über Gott und die Welt reden, NDR-Radiosendung vom 7. 10. 1989 (Familienredaktion).

13. Vgl.:   Märchen aus dem Bernsteinschloß, Artia, Praha 1981, S. 193.

14. B. Bettelheim: Kinder brauchen Märchen, Deutsche Verlagsanstalt, Stuttgart 1977, S. 17.

15. Heraklit: in: Die Vorsokratiker, a. a. O., S. 132.

16. F. Nietzsche: Gesammelte Werke in Taschenbuchausgabe, Band 10, Piper, München 1976; S. 203.

17. Vgl. Platon: Höhlengleichnis, in: **Platon**, Der Staat, Philipp Reclam, Stuttgart 1970, VII. Buch, S. 313–319.

18. Vgl.:   Die goldene Gans, in: Die Kinder und Hausmärchen der **Gebrüder Grimm**, Der Kinderbuchverlag, Berlin 1963, S. 203.

19. Vgl. K. Jaspers: Psychologie der Weltanschauungen, a. a. O., S. 202–246.

20. Gevatter Tod, in: Die Kinder und Hausmärchen der **Gebrüder Grimm**, Der Kinderbuchverlag, Berlin 1963, S. 135.

21. Empedokles: in: Die Vorsokratiker, a. a. O., S. 196/197.

22. J. W. V. Goethe: Gesammelte Werke, Volksverband Bücherfreunde, Band V, Berlin 1923, S. XIX.

23. Vgl. hierzu u. a.:   **C. Olivier**, Jokastes Kinder, Düsseldorf, 6. Aufl. 1988 oder **Elena G. Belotti**, Was geschieht mit kleinen Mädchen, Piper, München 1975.

24. Vgl. Empedokles: in: Die Vorsokratiker, a. a. O., S. 198.

25. K. Jaspers: Psychologie der Weltanschauungen, a. a. O., S. 225.

26. Vgl. S. K. Langer: Philosophie auf neuem Wege. Das Symbol im Denken, im Ritus und in der Kunst, Fischer, Frankfurt am Main, 1984.

27. R. Arnheim: Anschauliches Denken, Du Mont, Köln 1972, S. 151.

158

28. **S. K. Langer:**   Philosophie auf neuem Wege, a. a. O., S. 98.

29.   Zu diesen Wissenschaftlern gehören u. a. **Susan K. Langer, Rudolf Arnheim** und **V.P. Zincenko** (Issledovanie vizual'no go myslenia, in: Voprosy psichologii, Heft 2/1973).

30. **G. Orwell:**   New Words, in: The Collected Essays, Journalism and Letters of G. Orwell, Vol. 2, Harcourt, New York 1968.

31. **R. Arnheim:**   Kunst und Sehen, Walter de Gruyter, Berlin 1965, S. 20.

32. **R. W. Sperry:**   Hemisphere Disconnection and Unity, in: Conscious Awareness, American Psychologist 23, 1968, S. 723–733.

33. **N. Gershwind:**   Spezialization in the Human Brain, Freeman & Co., San Francisco 1979.

34. **B. Edwards:**   Drawing on the Artist Within, Simon and Schuster, New York 1986, S. 60.

35. **V. Kandinsky:**   Point and Line to Plane, Solomon Guggenheim Foundation, New York 1947.

36. **Vgl. E. Gennaro:**   Nascita della Pittura Filosofica, Paideia, Genova 1956.

37. **Vgl. B. Edwards:**   Drawing on the Artist Within, a. a. O., S. 103.

38. **Vgl. hierzu u. a.:**   **A. Flittner,** Spielen-Lernen, Praxis und Deutung des Kinderspiels, Piper, München 1972. **D. B. Elkonin,** Psychologie des Spiels im Vorschulalter, in: Psychologie der Persönlichkeit und Tätigkeit des Vorschulkindes, Verlag Volk und Wissen, Berlin 1972.

39. **L. Wittgenstein:**   Philosophische Untersuchungen, a. a. O., S. 29.

40. **K. Jaspers:**   Kleine Schule philosophischen Denkens, Piper, München 1974, S. 173.

43. **Vgl. V. Odoevskij:**   Povesti i rasskazy, Moskva 1959.

7
Literaturverzeichnis

1. **W. Benjamin:** Aufklärung für Kinder, Rundfunkvorträge hrsg. von R. Tiedemann, Suhrkamp, Frankfurt am Main 1985.

2. **B. Brüning:** Philosophieren mit Kindern, Informationsbroschüre, Verlag für Kinder und Eltern, Hamburg, o. J.

3. **B. Brüning:** Fredericks Traum, Verlag für Kinder und Eltern, Hamburg 1986.

4. **B. Brüning:** Der Tag ist eine Honigblüte, Gedichte für Vorschulkinder und ihre Eltern, Verlag für Kinder und Eltern, Hamburg 1986.

5. **H. L. Freese:** Kinder sind Philosophen, Quadriga, Weinheim 1989.

6. **B. Köhler/H. Schreier:** Philosophie in der Grundschule, in: ZDP 3/1982.

7. **J. Kyle:** Philosophy for Children, Mc. Gill University, Montreal/Quebec 1976.

8. **E. Martens:** Sich im Denken orientieren, Philosophieren mit Kindern, Schroedel, Hannover 1990.

9. **M. Lipman:** Über den philosophischen Stil von Kindern, in: ZDP 1/1984.

10. **M. Lipman:** Philosophy in the Classroom, Temple University Press, Philadelphia 1978.

11. **G. B. Matthews:** Philosophische Gespräche mit Kindern, Freese, Berlin 1989.

12. **R. Reed:** Kinder möchten mit uns sprechen, Verlag für Kinder und Eltern, Hamburg 1990.

13. **R. Reed:** Rebecca, Verlag für Kinder und Eltern, Hamburg 1986.

14. **E. Zoller:** Hat der Himmel ein Ende, in: Die neue Schulpraxis, Heft 1, 1989.

15. **M. Zweifel:** Denken als Spiel und Abenteuer, in: Ehe und Familie, Nr. 11, 1989.